JN438430

길에서 상실을 말하다

헤어지는 곳, 산티아고에서

길에서 상실을 말하다

헤어지는 곳, 산티아고에서

김은수 에세이

수필과비평사

책머리에

길은 어느 곳에서나 있다. 하지만 길을 걷는 방식이 다르다. 인생길에서 얻은 아픔이 미래의 거름이 되는 것임에도 현재의 아픔에 몸살을 앓는다. 그러면서 저벅저벅 나이테를 타고 오른다.

나이테가 쌓여가며 어디에서 온지 모르게 상실감으로 깊이 파이게 되었다. 상실 속에서 빠져나오려 애쓰는 중에 나이를 펼쳐 놓고 햇볕에 말리듯 조아리고 싶었다. 떠나야 했다.

산티아고라는 바로 이런 상실을 맞닥뜨리기 위한 최상의 조건을 가진 곳이었다. 불안과 흥분을 동반하여 떠나기로 결심하기까지, 부족한 심신을 단련하면서 젊은 나이테로 거슬러 내려가는 여행의 발을 내딛었다.

중년의 나이임에도, 손홍규의 소설 〈꿈을 꾸었다〉에서 "깊은 슬픔은 단 번에 그냥 주어지지 않아." 대사를 이제야 읊조리게 된다.

오롯이 나로 인한 갈등을 뼈저리게 느끼고 제대로 된 용암 같은 눈물이 분출되기까지, 길은 나에게 수없이 많은 기회를 주었다. 발톱이 빠지고 발뒤꿈치가 뚫어지는 것으로 정신은 살아나고 있었다. 발뒤꿈치가 살아나면서 기쁨은 잠시였다. 작은 혈관들이 파열되기까지 혈관을 타고 흐르는 마음은 제대로 소통하는 믿을 수 없는 일이 일어났다. 그것은 충분히 통증을 잃게 했다. 길은 그렇게 나에게 나를 온전히 전해 주었다.

석 달 동안 220센티 사이즈 발을 감싸주었던 빨강 운동화, 나에겐 대단한 용기의 상징이라 하겠다. 몸보다 먼저 움직여주는 빨강 운동화의 대담한 발걸음 덕분에 나는 당당해졌다.

많은 사람들에게 나도 빨강 운동화 역할을 하고 싶다는 바람으로 책을 쓰기로 한다.

살아가는 모든 사람들에게 상실은 피할 수 없다. 상실로 인해 내가 겪었던 공황장애가 준 아픔을 같이 나누고 싶어 용기를 내어 보기로 한다.

49일간의 시간을 부여해 준 남편을 비롯한 가족에게, 그리고 음으로 양으로 지지와 응원을 아끼지 않은 친구들과 지인 분들께 지면을 통해 감사인사를 드립니다.

특히 부모님께 감사한 마음과 함께 사랑을 전합니다. 한 달이 일 년 같았던 우리 딸, 아들, 마음 고생시켜 미안하고 사랑한다.

걷는 31일간 빠지지 않고 메신저로 지지와 응원해 준 조카 희영, 하영이, 김봉화 교수, 채숙희 대표, 큰 힘이 되어 마무리할 수 있었습니다. 감사합니다.

가는 날부터 올 때까지 살아있나 확인해 준 김선중 교수님. 김서해 선생님, 길 잃어도 돈 떨어지면 안 된다고 비상금 챙겨준 서연주 대표, 의약품을 챙겨 주신 국관송 약사님. 한빛치과 정재향 원장님, 음으로 양으로 지지해 준 울산여성의전화 식구들, 대표라고 그저 믿어주고 따라와 주는 우리 '보담우리' 식구들, 웰빙 & 웰다잉 센터 식구들, 이 기회를 빌려 감사한 마음 전합니다.

2018. 겨울

김은수

목

차

첫 번째 이야기

두 번째 이야기

세 번째 이야기

네 번째 이야기

첫 번째 이야기

마음의 살이 돋아나는 시간들 속에는 많은 사람들이 함께하는 것을 인정할 수밖에 없다. 다양한 사람들의 생각과 행동 속에서 또 다른 나를 본다.

기다림

스페인으로 떠나기 전날, 여정을 위한 준비는 왠지 모르게 마음을 바쁘게 한다. 여행이 주는 새로운 곳에 대한 기대 때문에 다른 날과 달리 태화강 물길보다 빨강 운동화는 요란스럽게 움직인다. 어딘가로 떠날 때는 들뜬 마음이지만 혼자, 그것도 외국여행에 순례까지 떠나기 전 일주일간 모든 신경이 배낭 한곳에 모아져 있다.

인생에서 나에게 주는 시간이 얼마나 있을까? 라고 묻는다면 애매모호한 답일 수밖에 없이 살아왔지만 이제 순수한 나만을 위한 시간이 49일이다.

발끝을 땅에 닿기 무섭게 자동차에 올라타는 것이 일상으로 살아온 만큼 저질체력의 한계를 인정하며 티켓을 끊었다. 수없이 머릿속으로 과감한 일탈을 꿈꾸며 다녀와 보았지만 현실은 난공불락으로 얕은 그림의 벽이 무너지길 몇 번, 결정하기까지 새로 산 운동화 끈에 이끌려 걷는 재미로 시작된다.

초봄을 느끼려는 사람들의 물결보다 겨울 끄트머리의 차가운 바람에 흔들리던 마음보다 발의 움직임이 크다. 면적이 넓어지는 발볼이 서툰 외국어보다 더 신경 쓰인다. 점점 부풀어대는 발가락 모양이 발 문수를 늘리고 있다. 강물에 맞춘 걸음걸이는 흐름에 맡기고 길에 맡기질 못하는 마음엔 잘해 낼 수 있을까 하는 물음을 갖는다.

걸음 속도가 빨라지는 것에 맞춰 거리는 늘어났지만 엄지발가락이 휘어져 혹이 붙은 듯 모양새가 달라진 발가락에 물집보다 더 악질인 허리 통증을 일으키고 있다. 그동안 길들여진 것에 대한 집착으로 바꾸지 못하는 어색한 동거로 맞지 않는 밤색 등산화는 며칠 전에 분리수거함에 미련 없이 넣고는 넉넉한 공간에 빠져들어 있다.

시간이 걸렸고 마음도 발도 부풀어 있지만 딱딱한 땅을 디뎌 주는 단단한 살집을 발판으로 스페인 거리로 달려나갈 용기는 살아나고 콩알만 한 물집 잡는 일은 일상으로 당황하지 않는다. 바늘 꽂는 순간 눈물 머금을 일이 수없이 찾아올 것을 대비해 바늘을 추가로 준비한다.

뽀로통한 새빨간 등산화를 집어 들고 뛰고 싶을 만큼 빳빳한 뒤축이 익숙해진 것이 엊그제인데, 말랑하게 강물과 나란히 땅의 형태 따라 움직임을 바라보다 애틋해진다.

커브 길로 접어들기 전에 앞이 보이질 않아도 앞이 훤히 보이는 길, 자전거와 부딪칠까 조심스럽게 발길을 돌린다. 호기심으로 길 모퉁이를 돌면서 그곳의 시골길 냄새와 들꽃들에 취할 날이 다가와 있다. 마냥 들뜬 마음에 다른 골목길에 접어 들어와 있다. 난생 처음 접하는 길 위에서 방향 감각을 잃어 숙소도 못 찾아 골목길을 돌고 돌아 컴컴한 밤을 맞이한다면 어쩌나 하는 생각에 다다르니, 어릴 적 할아버지의 손을 놓쳐 미아보호소까지 가게 된 일이 떠오르며 머리가 쭈뼛 선다. 영원히 고아가 될 뻔했던 이야기를 할아버지는 돌아가실 때까지 눈물을 글썽이는 아픔으로 간직한 채 미안해 하였다. 예닐곱 살 정도였는데도 가슴 안에는 무서움이 캄캄함으로 다가왔던 기억이 난다. 큰아버지 댁으로 가는 길에 책을 사려고 정신없던 할아버지와 나는 서로 책에 정신 팔렸다. 한참 후에 할아버지는 사라지고 골목길을 돌고 돌다 파출소에 맡겨진 어린 꼬마는 큰아버지가 세상에서 가장 높은 사람으로 알았다. 존함과 다니는 직장을 말해주었음에도 너무 우는 아이를 감당하기 힘들었는지 미아보호소에 맡겨졌다. 밤 깊은 시간에 할아버지는 날 찾아 눈물 가득 흘리며 업어 주셨다. 그 이후 혼자만이 덩그렁 서 있는 꿈을 힘들 때면 가끔 꾼다. 방위표시 있는 시계를 준비해야 할까? 고민을 살짝 해 본다.

체력에 한계 속에 혼자 쓰러지면 어쩔 수 없지만 먼 이국땅에서 극한 상황에 대비해 언제나 최악을 준비해야 한다.

산티아고 길은 많은 사람들의 생명을 앗아갈 만큼 힘든 길이기도 하지만 편지를 써 놓고 가야 할 것 같아 오랜만에 편지지를 샀다. 가족들에게 편지를 쓰려니 할 이야기가 너무 많다. 자잘한 일부터 현실적인 이야기까지 걱정도 팔자라는 생각이 들면서 그냥 전하지 못한 마음을 전하기로 한다. 오히려 메일로 써서 마음을 전하는 게 나을 것 같아 컴퓨터에 앉으니 그렁그렁 눈물이 고인다.

괜스레 혼자만의 생각에 젖어 너스레도 떨어보지만 이 기회에 곁에 있어준 사람들의 고마움을 새겨본다. 사느라고 모두들 애쓰고 있는 주변 사람들을 보니 짠하다.

인간은 인간과의 관계 속에서 사는 게 당연하지만 곁을 떠나 아무도 없는 곳으로 간다는 건 두려운 일이다. 아마 죽음의 두려움도 같은 맥락이리라. 언어의 불편함은 길을 찾기 위해 수없이 지나가는 사람에게 조아리며 부탁을 해야 한다. 모른 척 지나가는 사람이 더 많겠지만 모든 사람이 친절하지 않아 가끔 멋쩍게 다른 사람에게 다가가 묻기도 하면서 이방인의 서러움을 제대로 느끼겠지.

지역마다, 도시마다 전혀 다른 대중교통 시스템에 잘 적응할 수 있을까 고민이 되면서 잠이 안 온다. 숨은 보물찾기하듯 헤매다 식은땀이 온몸을 흥건하게 만들 즈음 천사를 만나리라고 긍정적으로 생각을 바꾼다. 어떤 모습의 천사들이 기다리고 있을까? 찾아올 행운을 차지하기 위해 몇 바퀴를 돌고 돌아서야 맞닥뜨리게 될지 모르지만 더 이상 고민은 필요 없이 내일이면 현실이 될 것이기에 눈을 감는다.

마음껏 뒹굴며 자는 건 당분간 잊어야 한다. 혼자만의 침대도 혼자만 쓸 수 있는 공간도 잊어야 한다. 입에 맞는 음식도 언제 먹게 될지 모르는 일이다.

방안 구석에 8킬로 배낭이 눈에 들어온다. 자다가 번뜩 생각나 평소 먹지도 않던 사탕을 챙긴다. 당 떨어져 쓰러질 경우를 대비해야 한다. 배낭 무게를 다시 재어 보니 0.5킬로 더 올라가 있다. 다시 빼려니 소비성이니 하는 생각에 욕심을 내려놓질 못한다.

배낭을 들쳐 메고 문수산 왕복 6킬로를 일주일간 걸었을 때, 2개월 넘게 걸어 다녔기에 가볍게 생각하여 올랐건만 가파른 언덕 중간에 불규칙한 호흡에 당황하여 무릎에 힘이 빠져 고생했다. 8킬로그램을 메고 걷는 오르막길을 무조건 빨리 오르려 애를 쓰는 무지함이 어깨의 무리를 가져왔다. 주저앉아 어깨 끈을 당기고 허리띠를 더 조였다. 훨씬 가볍게 느껴진 배낭 무게로 오르막을 오르며 허리와 어깨의 힘의 균형을 터득한다. 마음만 조급해 뛰어오르기만 하다 목젓이 터질듯하다. 천천히 호흡을 조절하는 방법을 써보며 오르막 호흡을 해보니 너무 지치기만 했다. 속도를 내면서 복식호흡을 해 본다. 운동할 때 복식 호흡을 하면 쉽게 힘을 낼 수 있고 운동이 된다는 이론이 이제야 현실로 옮겨지다니, 너무 바보스럽게 헬스장에서의 운동과 산행에서의 운동을 따로 생각하고 있었다. 아무도 없는 외국에서 쓰러지는 불상사가 떠올라 식은땀 흘리는 안타까운 내 모습은 없다. 저질체력을 벗어나려 애쓴 만큼 더 많이 걸어 나 자신을 믿으려 걸었던 3개월이다. 5킬로미터를 걸을 예정이면 10킬로미터를 걸어 근력을 키우면서 짜임새 있는 준비로 걱정을 내려놓는다. 한데 이 밤은 단단한 각오가 조금은 흔들리고 있다.

손톱깎이부터 약솜까지 꼼꼼하게 챙겨 놓았고, 평소 먹지도 않던 초콜릿 몇 개를 더 집어넣고 휴지 하나를 넣어 본다. 배낭 무게가 바늘이 훅 올라간다. 평소 무심했던 무게에 작은 바늘 움직임에도 예민해진다. 들어올릴 수 없는 배낭은 나를 주저앉히는 주범이 될 것을 알기에 양말 한 짝도 체중계 위에 올려 벌벌 떨며 내려놓는다.

양말 세 켤레로 매듭짓고 반팔 티 2개, 긴팔 티 1개, 팬티 3개, 바람막이 1개, 덕다운 1개를 넣을 예정이니 무게는 상관없을 거라 예상한다. 비누 1개, 치약 작은 것 1개, 크림 1개, 선크림 1개, 단백질 300그램, 비상식량을 준비한다. 손톱깎이, 베드버그 약으로 연고 1개, 마데카솔 연고 1개, 어깨 수술 후 소염제 등 50일치가 제일 무게가 나간다. 침낭 1개 700그램, 판초 1개, 볼펜 1개, 작은 메모지 1개, 대일밴드 1세트, 실내용 슬리퍼 겸 비상 신발 1개, 브라 2개, 모자 1개, 선그라스 1개, 스포츠 타월 1개, 컴퓨터 대신 태블릿과

키보드 1개, 비상 봉지 겸 비 올 때 신발 감쌀 비닐봉지 10개, 핸드랜턴 1개, 바디 타월 1개, 최대한 가벼운 옷 넣을 가방 3개, 무리하면 찾아드는 손님인 급성신위신염 약 10일치, 1그램도 우습게 보이지 않아 쉽게 포기했던 몸살약과 배탈약을 더 넣는다. 어마하게 느껴지는 8.5킬로그램에 도달해 있다. 탐욕이 가방의 무게를 불리고 있다. 내려놓지 못하는 욕망이 너무 많다. 불편함을 자처하는 길을 떠난다고 하면서도 편리한 생활이 몸에 배여 있다.

이제 기다림은 끝났다. 마냥 종종대는 마음을 부추긴다. 빠트린 것이 없나 생각하다가 '아니야, 없는 건 현지에서 사자.'는 여유로움으로 가장한다.

방 한구석에 배낭이 너무 크게 서 있다.

흔들리는 욕망

빨강 등산화는 심호흡을 하듯 부풀어 있다. 배낭에 한가득 욕망을 울러 맨 어깨가 허영으로 용납되지 않는 필수품이 최소한의 삶의 무게를 잡는다. 이제 몸으로 움직이며 깨닫는 순례를 떠나기 전, 스페인 적응기를 위한 여행이다.

거창한 순례길을 간다는 미명 아래 준비해 온 배낭은 무겁게 가슴을 조인다. 가깝지만 먼 거리인 머리와 땅의 거리를 가늠하기에 바쁜 발의 움직임이 바쁘다. 땅에서 올라오는 기운으로 털어내는 욕망의 끝을 보고 나면 남는 게 무엇일지 궁금하다. 휴대폰 달력은 49일 중 하루를 색칠한다.

친구의 배웅을 받으며 비행기 탑승할 때까지 이미 뛰어오르려는 심장으로 시작의 팡파르는 충분하다. 많은 사람들에겐 커다란 하늘색 배낭만 돋보이는 것인지 비행기 탑승 중에 힐끗힐끗 쳐다보지만, 오히려 당당해지는 기분으로 뚜벅뚜벅 걸어 들어간다. 좌석 앞 높은 서랍 짐칸에 8킬로그램의 가방을 올려보지만은 올려보지도 못하고 떨어뜨리는 순간 당당함은 바로 고꾸라진다. 곁에 계신 분 도움이 고맙지만 앞으로 짊어질 내 무게를 어쩔 것인가?

비좁은 공간에 꽉 막힌 심상은 시작부터 감당을 못하는 짐만큼 울렁이고 있는 중에 맞은편 좌석에선, 나만큼 힘든지 칭얼대는 아이를 달래느라 초보 엄마는 진땀을 흘리고 있다. 간식으로 달래주다 안 되니 장난감으로 놀아주고 열이 나는지 옷을 벗겨주기도 하고 발치에서 놀게도 해주고 있다. 아이는 결국 칭얼대다 답답함을 이기지 못하고 시원하게 울기 시작한다. 내 발바닥도 습기 찬 느낌이 들기 시작한다.

실밥이 뜯어지듯 바늘구멍이 벌어지는 상황까지 넣어둔 상처들, 비행기 안에서 삐져나오듯 한숨이 입으로 삐져나온다. 괜찮다고 스스로에게 너스레 떨지만 그저 스트레스를 싸안았던 과거의 흔적은 이리 답답함을 버텨 주지 않는다. 5, 6년 앓던 공황장애라는 병을 벗어났다고 단언하다가도 어느 순간 자꾸자꾸 삐져나와 숨이 막혀온다.

좁은 공간이라는 인식을 벗어나기 위해 서둘러 행복했던 순간이 뭔지 급하게 떠올리려니 암담함만이 떠오른다. 큰일이다. 불안감이 올라오기 시작한다. 행복했던 일을 빨리 떠올려야 한다. 가방 안쪽 깊숙이 넣어 놓은 일정 스케줄 파일이 생각에 잡힌다.

여행 일정이 빽빽하게 잡혀 있다. 그 일정마다 기차 티켓과 버스표 사는 곳 그리고 비행기 표까지, 어느 곳에 가는 티켓인지 모르게 많다. 움직일 때마다 뒤적거리며 찾아야 하는 수고를 해결해 준 딸이다. 숙소예약도 적은 돈에 맞게 선택한 것이 못마땅하고 엄마 혼자 이역만리 그것도 힘든 고행의 순례길을 보내기엔 불안했나 보다. 어찌 이리 의지가 될 만큼 자랐는지 든든하다. 넉넉한 경비로 다녀야 한다며 힘들게 벌어 놓은 돈을 선뜻 보내주었다. 예기치 못한 불상사가 벌어졌을 때 도움 받을 수 있는 한인 민박으로 바꾸어 준 딸의 마음이 고스란히 파일에 들어 있다. 중간 중간 엄마에게 힘을 주는 멘트도 빠뜨리지 않고 끼어 있다. 며칠 밤 퇴근 후 만들었을까? 생각하니 울컥 눈물이 고인다. 메모지들이 딸의 얼굴로 비춰지며 별빛마냥 빛난다. 잠시 불안감을 잊는다.

새로 만날 여행 동반자가 생길까? 길에서 헤매다 밥도 못 먹고 아마 충분히 배곯아 본 뒤, 아무 곳에나 찾아 들어가는 약간의 실수는 괜찮겠지. 핸드폰 날치기가 심하다던데 날치기 당한 상황까지, 고개를 내저어 털어낸다. 생각의 깊이는 오히려 불안을 가중시키고 있는 듯 곁에 앉은 아저씨의 신발 벗은 꼬질꼬질한 발가락으로 시선을 돌린다. 얼른 외면한다.

등산화 속에 갇혀 있는 열 개의 발가락을 밖으로 내놓는다. 발가락 사이사이 공기로 가득 채우고 쭉 뻗었다 오므렸다 다리 근육까지 끌어올려 힘을 주곤 한다.

눈을 감고 확 트인 자연 속에서 마음껏 소리 지르며 만끽하는 상상으로, 30센티 거리밖에 안 되는 공간을 뛰어넘어 본다.

떠나기 일주일부터 수술 후 몸 상태가 나아지면서 잃었던 자신감을 찾기 시작했다. 무너져버린 몸과 함께 마음조차 주체할 수 없이 근력이 떨어졌다. 이런 상태라면 아무리 큰 용기를 냈을지언정 주저앉아야 한다. 그렇다면 욕망으로 가득 찬 난 누군가를 위로할 여력은커녕, 나 자신의 곁에서 나를 파괴하는 일에 동조할 뿐이다. 덕이 아닌 상처로 사람 곁에 있을 것이 뻔한 일이다.

3개월간 걸어서 울산 전역을 돌아다니며 업무를 보며, 체력을 키워 왔다. 준비된 몸이 되리란 계획은 수술이란 몸의 해체가 근력의 불모지로 만들었다. 창백한 얼굴색은 많은 사람들이 멀리 떠난다는 것에 회의적으로 바라보게 만들기에 충분했다.

일어나는 것조차 휘청거리며 이를 악문 만큼 조급해진 마음은 두 달 가까이 비워놓기 위해 처리할 일이 너무 많았다. 평생 처음 긴 시간을 비워 놓는 길이다. 친정어르신께도 일 년에 두 번도 못 가고 살아왔다. 한데 49일이라니 대단히 큰일이다.

빨강 운동화가 힘을 낼 날은 찾아왔다. 떠나기 전 많은 사람들의 응원과 만류를 받는 길이다. 혼자 떠나는 첫 외국 여행보다, 얼마나 외로울까 하는 고민과 더불어 배낭 무게를 7킬로 만드는 일이 쉽지가 않았다. 빈 몸으로 2킬로도 나에겐 버겁다. 끊임없이 문제가 발생하는데, 감당하지 못할까봐 겁이 난다기보다 사고로 이어지는 고비를 맞아 꼼짝 못하는 일이 벌어질까봐 조바심이 점점 부풀어 올랐다.

최대한 무게를 줄이는 방법 외엔 없다. 욕심은 점점 편하기만을 위한 것은 아닐진대 익숙한 습관이 이미 원하는 게 많아졌다. '휴지도 가져가야 되지 않을까? 메모지는? 그곳은 아직 초겨울인데 옷을 더 가져가야 하지 않을까?' 이것도 저것도 자잘한 것들이 필요하다. 하지만 내려놓기란 쉽지 않은 이유들이 조목조목 이유를 만들어낸다. 무엇이 나를 이리도 복잡하게 만들었을까. 나 자신 합리화 하느라 바빴던 내 삶이 드러난다. 무엇을 위해 그랬을까 창피한 내 모습이다. 짐 싸면서 여실히 드러난다. 그러니 어찌 내려놓을 수 있었을까? 하는 생각이 처음으로 든다. 조금조금 담아 놓은 약들만도 1킬로그램으로 한가득이다.

말이 되어 밖으로 나오는 순간, 언제나 지켜내야 했다. 약속은 어느덧 나의 숙제가 되었다. 말이 떨어지기 무섭게 움직이며 해내야 한다. 내 능력을 벗어난 것을 지키려고 악바리처럼 용쓰는 것이 힘든 것이다. 능력과는 동떨어진 것들이 많았다. 피눈물이 나도록 버겁고 힘든 숙제들도 많았다. 그 버거움이 체력이었다. 하나부터 열까지 체력의 한계가 나를 울리고 나를 살렸다. 힘든 것 너머에 용기가 생기고 희열감으로 이어져 에너지가 되고 그것은 끈기로 이어졌다. 나 스스로를 본다. 미련스러움이다. 고목나무든 어린 나무든 뿌리가 뽑히면 죽는 걸 안다. 아둥바둥 지탱하기 위해 혈관이 터지도록 안간힘을 쓴다. 나 자신 자체가 무너지고 뽑힐 것 같이 그렇듯 바득바득 애쓰는 안쓰러움이다. 보여주는 것이 뭐가 그리 중요할까? 인생 자체를 다 거는지 모르겠다.

지금 비행기라는 길쭉한 일방통행적인 공기의 흐름으로 하늘을 나는 숨 막히는 관 속에 누워있다. 남이 아니다, 나 자신에게 토닥여준다. 숨 쉬기에 충분한 공기가 가득 차 있음을 느끼려 눈을 감는다. 가슴 언저리에 맺힌 몽우리를 만져 주기 위해 떠나는 나에게 지키는 약속이고 보여줌이다.

제일 무서운 나의 욕망을 내가 만들었듯, 능력 이상을 기대하거나 꿈꾸는 무리한 사랑의 무게는 나를 망치는 길이다. 8킬로가 넘는 무게보다 더 커진 두려움이 짓누르고 있다. 내 욕망의 무게이다. 두려움의 무게를 줄인다. 휴지 5그램을 내려놓듯 두려움의 무게 5그램을 시작으로 발가락을 털 듯 비행기 바닥으로 털어내며 차분히 순례자의 마음으로 제자리에 돌려놓는다.

인생, 새로운 출항

공중 부양된 듯 지구 반 바퀴 오른 감춰진 발자국으로 새로운 땅 마드리드로 도착한다. 얼렁뚱땅 만들어진 탑으로 올라서듯 확신이 부족한 발걸음은, 흔들림을 가득 품은 채 분주한 공항을 배웅 나왔던 친구 김봉화 교수와 서연주 대표의 작은 메모와 엄마의 순례길을 온전히 같이 하는 딸의 편지가 가슴에서 부풀어 오른다.

도착한 스페인 공항은 담배 연기 속에 묻히기 충분하다. 비행기의 작은 바퀴는 잠시 자존심을 접어 매끄럽게 새로운 땅에 내려앉힌다. 심호흡으로 복잡한 모든 생각도 접어놓기로 한다.

익숙하지 않은 길로 들어서 있다. 어수선한 마음정리를 위해 전화기 칩을 바꿔 끼우는 일에 몰두한다. 전화기 켜면서 얻어진 혼돈의 시간은 지구를 동동 구르미에 미끄러지듯 맴돌아 돌아오길 몇 번,

데이터를 찾지 못한다. 전화기 유심 칩 먹통에 머리카락과 손가락은 더 초롱초롱하다. 고소한 냄새를 기대했지만 퀴퀴한 냄새로 사방이 낯선 사람들뿐이다.

단련된 발길은 순탄치 않은 징조에 이미 굳어진 인상으로 스페인 입성한다. 두 발의 움직임은 서툴게 초겨울의 싸늘한 바람에 맡겨진다. 스산한 거리를 훑어 보면서 익숙해지기 위해 콧바람으로 공기를 들이켜 본다. 반려견과 걷고 있는 사람들에게서 알싸하게 와 닿는 그리움이 인다.

사랑하는 사람과 멀리 서 있다는 것과 쉽게 볼 수 없다는 생각이 가슴이 아리다. 말을 할 수 없는 양이 '품바'가 보고 싶어진다. 사방은 멈춰진 분수대와 웅장한 건물로 초저녁인데도 사람이 없어 쓸쓸함이 곳곳에 묻어난다. 기름기가 빠진 듯이 보이는 건물들을 끼고 돌아 숙소로 가는 발길은 수레바퀴를 이탈한 기분으로 불안감을 안고 걷는다.

한인 민박집에 도착해서는 여유를 갖는다. 울산부터 같이 떠나온 젊은 우리 보담우리 팀장님과 이틀 밤을 묵게 된 것이 마냥 든든하다. 유심 칩의 문제가 시시 때때로 맴돌아 가슴이 뛴다. 어쩌다 보이는 시선을 끄는 건물을 보아도 흑백으로 보일 뿐이다.

운이 좋아 4인실 이층 침대에 둘 뿐이다. 편안한 잠자리를 갖는다. 약간의 흔들림이 있는 침대의 불편함은 충분히 소화할 수 있는 준비는 되어 있다. 한인 민박이라 외국이라는 생각을 잠시 잊는다.

열흘간의 여행의 첫날이 될 내일을 위해 일찍 눕는다. 침대 높이가 이리 좁았나 싶을 만큼 이층 침대는 서울에서 몇 달 전 친구랑 경험 삼아 자 본 이래 두 번째다. 조금 막히는 기분이 오늘은 더 심하게 답답함이 느껴지지만 이 정도는 괜찮다고 위안을 갖는다. 한국인의 손길이 느껴지는 것은 없지만 깔끔한 주인장의 성격과 달리, 우기인 스페인 날씨에 꼬질한 향내가 풍기는 듯 집안 공기가 칙칙하다. 잠이 안 온다. 기내에서 수면을 취하지 못해 일찍 누웠지만 잡념이 머릿속을 가득 채운다.

어렵사리 잠을 청하려 할수록 더 맑아지는 정신에 미세먼지에 있는 듯 산소 부족함이 느꼈던 과거 속에 파묻힌다.

불안한 마음은 또다시 급호흡 증세가 올까 걱정으로 앞선다. 점점 불안해지기 전 아들, 딸, 우리 양이 품바를 떠올려 본다. 순간, 길게 느꼈던 비행기 속에서 답답함이 올라왔다. 훅 하고 관 안에 갇혀 하늘에 떠 있는 듯하다. 죽을 수 있겠구나 하는 절실한 상황이다. 그 안에 갖는 외로움은 더했다. 혼자 쓰러져 방바닥을 기어오르고 일곱 번의 교통사고보다, 자다가 호흡이 막혀 오는 어두운 그림자는 살아야 할 이유를 찾는 게 급선무이다. 하지만 이론은 쉽다. 나에겐 숨을 쉬고 싶다는 것 외엔 아무 생각이 없다.

스스로를 다독인다. '충분하게 숨을 쉬고 나면 괜찮을 거야.' 조급하게 스트레스 받아 내는 연습을 해 오며 이겨낸 몇 년 전의 일을 상기시킨다.

남은 날을 알 수 없기에 잘 살아 보고 싶었다. 그저 그렇게 아무렇지 않게 지내야만 한다. 이 사회는 아픈 사람을 배려한다는 것이 익숙지 않다. 큰 병에 대해선 안쓰러워 한다. 하지만 잘 모르는 정신적인 고통에 대해선 언급하지 않고 혼자만이 견뎌야 할 병 이외에는 아는 체할 수가 없다. 그게 서로가 편할 수 있다. 당사자의 요청이 있을 때까지 누구든 알 수도 없지만 안다 해도 쉽지 않은 일이다. 본인의 고통일 뿐이다.

이틀 밤을 바닷물이 코밑까지 밀려들 듯 순식간에 나를 삼키는 아픔이다. 머릿속 천둥이 치며 단어를 삼켜 버리는, 아픔이 아닌 것만도 감사함이다. 남들 앞에서 새하얗게 동상이 되어 버리는 일은 나를 너무 오랫동안 괴롭혀 왔다. 그 괴롭힘이 대중 앞서기 전, 혹시 반복되지 않을까 두려움이 더 큰 괴롭힘이다.

병적 증세가 사라졌어도 그 스트레스는 언제나 올라온다. 단어를 잊어버리는 불상사, 입을 열 수 없는 아찔함은, 낭떠러지 구르기 전 앞에 선 그 자체다. 남들이 보이지 않는 불빛에 머릿속은 네온사인으로 휘감는다. 누가 어쩌랴 그건 나의 보이지 않는 정신이 만들어 낸 뜬금없는 혼란이 아닌 누적되어온 아픔이다.

헐떡이며 누워 있지 못하는 지경에도 내 머릿속에선 아이들이 떠오른다. '내 자신이 아직 아프구나.' 완전히 벗어나지 못한 공황장애 속에서 이역만리 스페인을 와 있다는 인식을 하니 미세먼지와는 차원이 다른 바닷물이 목을 조여 왔다. 막히는 호흡에서도 곁에 있는 사람에게 도움을 요청할 겨를이 없다. 정신 바짝 차려 본다.

내일 헤어질 친구이지만 같이 한국에서 떠나온 믿음직한 간호사이다. 내가 살려달라고 부르짖으면 깰 것이다. 그러곤 '어떻게 해요? 괜찮아요?' 외칠 것이다. 한데 호흡조차 힘든데 여러 말을 할 수가 없다. 더 절실하게 해결해야 한다는 생각으로 평소대로 호흡법을 해 본다.

사랑하는 사람들이 파노라마처럼 스친다. 눈물이 흐른다. 아무리 애써도 누워서는 안 되는 어려운 나의 호흡이 머릿속을 하얗게 한다. 정신이 혼미할 지경에 정신을 차려야 살 수 있다는 생각이지만 눈높이에 있는 우라질 이층 침대가 더 문제다. 부숴 버리고 싶은, 머리 위를 누르는 침대가 물속으로 짓누른다. 밖으로 뛰쳐나가려니 외국이라는 생각 너머를 벗어나지 못하는 인지밖에 없다. 고통스러웠던 12시간의 기내가 떠오르며 혼란을 가중시키는 손 뻗어지지 않고 쉽게 달려갈 수 없는 막막함이다. 급박하게 움직이는 가슴팍의 흔들림에 호흡만 가라앉히려고 안간힘을 쓴다. 어떤 것도 용납되지 않는 미숙한 아이일 뿐이다. 호흡이 점점 돌아오면서 관의 뚜껑을 떼어내 던지듯, 앉았다 일어섰다 누웠다.

호흡이 멎을지 모른다고 생각하면서 다행이다. 모든 걸 정리하고 떠나오길 너무 잘한 짓이다. 그래도 마음이 놓인다. 사랑하는 아이들이 사 준 옷가지를 본다. 눈으로 머릿속으로 가방 구석구석을 차지하고 있는 물건들 빨간 표지의 태블릿 피시까지 그들의 마음을 본다. 따듯하다. 감사할 따름 그 이상 바랄 것이 없다. 자연스런 죽음을 맞이한다면 됐지 라고 생각하는 동안 서서히 나의 호흡은 가라앉고 있다. '아! 살았구나.' 내가 사랑하는 사람들이 나를 살리는 순간이다.

일정을 하루 더 묵느라 경비를 초과한다. 마드리드를 떠나는 발걸음이 한결 가볍다. 나를 알았다. 두절된 연락보다 단절이 주는 초조감이 다시금 일어난 병증 증세이다. 내 곁에는 사랑하는 사람들이 동행하고 있다. 낮에는 큰 불안감도 없다. 단지 밤이 주는 어두움이 단절을 인지하게 만든다. 오늘 밤부터 '괜찮을 거야.' 하며 이틀 동안 실컷 앓은 뒤에야 두려움의 싹을 자른 듯 자신감을 갖는다.

콜럼버스가 신대륙을 찾아 떠났던 발생지라는 세비야를 그려본다. 과달키비르 강가를 걸어 산텔모 다리까지 걸어봐야지 상상을 한다. 렌페라는 열차에서 내려 순례길 연습을 할 겸 배낭 8.5킬로미터 넘는 무게를 짊어지고 걷기로 한다.

콜럼버스 묘가 있다는 세비야 대성당인 '엘 히랄디요상'을 둘러보아야겠다. 소원을 빌어 준다는 설이 있다. 손으로 꼭 문지르며 기도를 해 보자. 영화배우 김태희가 핸드폰 광고를 찍은 세비야 광장에서 내가 주는 예술적 느낌을 보여주리라. 각오를 해 보지만 나를 달래는 서글픈 감정을 건드릴 뿐이다.

유심 칩을 굼뜬 스페인 통신사 사람들끼리 시시껄렁한 농담으로 손님은 상관없다. 여유롭게 시간 낭비하는 걸 속 터져 하는 한국 남자분과 동지애로 눈빛을 주고받으며, 인고의 시간인 2시간여 만에 발에 힘이 주어진다.

기특하다는 말을 남기며 여행을 여행답게 누리기로 한다.

P

대장정의 시작점, 생장 피르 데 포르트

바로셀로나에서 생장으로 떠나는 길이다. 떠나는 발걸음에 경외감마저 든다. 비가 온다. 배낭 커버를 씌우고 난 잠바 하나로 걷는다. 전철을 타고 렌페라는 열차 타러 나간다. 새벽 6시 15분이다. 들뜬 마음으로 스페인 도시를 가르며 걷는다. 출근길 모습은 어느 나라건 같은 모습이다. 출근길 사람들이 커다란 배낭을 맨 조그마한 동양 여자를 흘끗 본다. 기분이 참 좋다. 외국인들 속에 작지만 당당한 동양인의 한 사람으로 눈에 띄는 것도 나쁘지 않다.

렌페 시간은 7시 30분인데, 이곳은 검사대를 운영하기에 시간이 걸린다. 30분 전에 도착하면 되는데 여유 있게 나간다. 마음이 편하기에 부슬부슬 비 맞으며 걷는 것은 이제 익숙하다.

렌페에서 바라보는 스페인은 평온하다. 검은 구름이 가득하지만,

여행을 마무리하고 프랑스 접경지역인 생장으로 떠난다. 마음이 새롭다. 불안했던 마음은 오히려 기대와 흥분된 마음으로 바뀌어 있다. 언제나 닥치면 마음이 다른 것 같다. 스페인 식으로 크로와상과 카푸치노 커피로 잠시 여유를 갖는다. 역 커피숍에 앉아 주변을 살펴보지만 배낭 멘 사람은 아무도 없다. 출근길이라 썰렁한지 역 안엔 십여 명이 있다. 왠지 기쁘다. 여태껏 긴장하던 마음은 어디로 사라지고 여기까지 무사히 도착했다는 것이 대견하다. 걱정으로 나를 짓누르던 것이 사라졌다.

하늘이 검은 그림자로 뒤덮여 있는데, 나에겐 기다렸던 길을 가는 것이라 그런지 마냥 황홀한 느낌으로 하늘을 본다.

살면서 새롭게 시작하기 전에 약간의 긴장을 하기도 하고 겁을 먹었다. 겁 많은 내 심장이 그리 싫었다. 그때마다 외로움에 떨었다. 어차피 누구에게도 의논하지 않고 나의 갈 길을 결정했다. 전환점 속엔 갈등을 겪게 된다. 회오리 바람에 휩싸이듯 결정할 때까지의 고민스러움 뒤엔 후회할 줄도 모른다. 잠도 제대로 못 자고 무한정으로 혼자 힘겨워 몸살과 쓰러질 정도의 체력을 넘어선, 목적을 향해 달렸다. '너무 힘들어.'라고 스스로 자각이라도 하게 되면 주저앉을 것 같아 외면만 했다. 그러면서 강하게 살아온 내 모습이다. 마음 안엔 인정받고 싶은 욕구가 나 자신을 토닥이는 여유도 없었다. 무조건 스스로 결정한 것에 대한 책임을 다하여야 한다고 압박만이 최선이었다. 내 자신에게 '잘했어.'라고 칭찬도 못해 봤다. 공황장애로 제대로 아프고 나서야 알았다. 더 문제인 건 공황장애가 극에 달하여 숨을 헐떡일 때는 누구에게도 말을 못한다. 숨이 안 쉬어진다고 느낄 때, 불안감이 급호흡을 가져온다. 혼자 숨넘어갈 지점까지 다다라 살기 위한 발버둥은 복식호흡으로 안정을 찾는 방법을 터득하여 돌아온다. 식은땀과 함께 절실한 외로움에 눈물이 없는 가슴 통증으로 그저 아프다.

처음은 혼자 술을 마시기도 하며, 울음으로 풀어보려고도 했다. 정도가 심하다는 것을 인지하고는 유서를 매일 준비했다. 결코 누구든 날 도와줄 사람이 떠오르지 않았다. 더욱 힘든 마음은 누구에게든 쉽게 이해되지 않을 것 같았다. 그리고 너무 창피했다. 매일 죽을 고비를 넘기듯 헐떡이다, 밤마다 식은땀으로 적셨다. 정신과 의사인 지인에게 입원 시켜 달라는 요청을 해 본 게 전부이다. 그때 난 정신과 병원 독서치료 봉사를 해 주고 있었다. 공황장애를 앓고 있다고 내 스스로 알았을 때 난 정신과에 입원 중인 사람들을 도와주고 싶었다. 약물 치료도 중요하지만 치료적 기법인, 독서 치료가 빠른 자존감 높여 주는 데 가장 적절하게 될 수 있음을 아이들 가르치며 알았다.

밖은 평원으로 올리브 나무와 파릇한 새싹이 자라오는 밭들로 가득 펼쳐져 있다. 바람이 소유의 경계를 무색하게, 피아노 건반을 누르듯 클래시컬한 리듬으로 자연을 표현하고 있다. 우기라드니 강물이 가득하다. 카탈루냐 지방의 레리다주 지역을 거친다. 도시가 촉촉하다. 과일나무들에 꽃이 폈다. 하얀 꽃, 분홍 꽃이라는 것밖에 모르지만 이곳도 봄이 되어 대지의 살아있는 싱싱한 대자연을 보여준다. 거대한 묘처럼 보이는 산들이 군데군데 있다. 아님 구릉지 같은 곳에 쪼르르 나무가 심어져 있다. 그러고 보니 우리나라는 산이 많아 복 받았다는 생각이 든다. 정갈하고 깔끔한 밭으로 이어져 있다.

밭과 지역의 경계를 계곡으로 가르듯 사막 같은 황량한 곳에도 깔끔하게 밭을 일구는 부지런한 사람들인가 보다. 살아오는 동안 이제 순조롭게 진행될 것이란 기대감 뒤엔 꼭 맨홀이 있다. 이곳의 평원에도 숨어있는 맨홀 같은 사막과 계곡이 있는가 하면, 빗줄기는 사라지고 강렬한 햇살이다. 어느 작은 역을 지나니 협곡으로 둘러싸여있다. 협곡을 활용한 농사를 짓는 지혜로움 같이 삶의 맨홀이 나에겐 새로운 지혜의 기회였다.

산티아고 순례길 중 프랑스길이라는 곳의 첫 출발지, 생장으로 좀 더 가까이 다가가고 있다. 궁금하다. 날 기다리는 또 다른 맨홀, 그동안 전화기가 안 되어 단절보다 세상과 연결된 통로가 사라져 공중에 혼자 떠 있는 것 같다. 혼자만의 맨홀에 빠져 나올 길을 모르듯 숨 막히는 접전 속에서 식은땀이 난다. 그러다 해결되었다고 긴장을 풀었을 때 또 다른 숨구멍인 글을 쓸 태블릿 피시와 키보드 연결이 안 되었다. 당황스럽고 여태껏 쉽게 이루어지지 않은 지나온 길이 떠올라 또 다른 불안감에 휩싸인다. 난 글을 써야 하는데, 강박처럼 나를 짓누른다. 어지럽기 시작하면서 마드리드 도착 후 생겼던 공황장애 증세같이, 숨을 못 쉴까 두려워 심호흡과 함께 글은 집에 가서 써도 된다고 다독인다. 그러다 조금은 불안감에서 벗어나 기분이 좀 나아졌다. 옆 좌석에 책을 읽는 신사 분을 보는 순간 겁이 난다. 빨리 뭔가 일을 해야 할 것 같은 초조감이 밀려온다. 태블릿을 쳐다보니 '독수리 타법을 잘하잖아.' 천천히라도 쓰면 된다고 생각하고 태블릿 피시를 치는 순간 여유가 생긴다. 느긋하자. 느긋하자. 누군가(이제 소통 창구인 전화기가 된다.)에게 힘을 받기 위해 카카오톡으로 친구와 가족에게 소통을 하며 생각을 다른 방향으로 돌린다.' 그래! 절벽에 서 있지는 않잖아.'라며 스스로 느끼면서 서서히 안정된 마음으로 돌아온다. 끊임없이 나 자신이 맨홀 속에선 초조와 불안과의 싸움이 계속된다.

아침에 렌페 역을 걸으며 아무도 없는 골목길이 무섭지도, 엊그제 밤길도 어렵지 않았는데 하는 신기한 생각이 들었다. 스페인 와서는 혼자 방안에 있을 때면 갇혀 있다는 생각이 든다. 다 나았다고 지내 왔건만 왜 이국땅 스페인에선 왜 숨을 못 쉬게 되는지 알고 싶다. 내가 알고 있는 모든 사람들이 먼 한국에 다 있고, 이곳엔 아무

BAR AUTOBUSES
San Fermín

도 없다는 무의식이 가져다 준 스트레스인가 보다. 죽음의 두려움이 이런 마음에서 비롯될까?

스페인 식 아침을 먹으며 스페인 사람들과 같은 호흡 속에 있다. 이상하리만큼 밖에서는 마음이 편안하다. 동양인은 없다. 그래도 느긋하다. 두려움도 없다. 잘 묻는다. 잘 사먹는다. 다만 많이 먹지를 못할 뿐이다. 너무 짜다. 혀가 얼얼하다.

열흘이란 시간이 너무 오래 걸린 듯하다. 내 인생에 있어서 와야 할 길을 못 온 데 따른 숙제를 치른 느낌이다. 성벽을 넘어 온 시간들, 미끄러지고 넘어지고 뜯기는, 정신의 살점들 무수히 찢어졌다. 피라도 흘린다면 눈으로라도 보면 나 자신도 놀랄 시간과 여유가 있었을 텐데, 그저 평온 속에 흘리는 하얀 흔적이다.

피레네산맥이 보이는 생장이다. 버스로 넘어오는 길조차 숨이 가쁘다. 비가 내리고 있는 현재, 산악의 둥지엔 눈이 보인다. 저 길만 넘으면 문제없이 순례를 마칠 수 있다. 각오를 다진다.

한국인들이 즐겨 찾는 생장 35번 알베르게를 찾아간다. 팜플로나 버스 터미널에서 반갑게 인사를 한다. 한국인인 중년 남성은 미국에서 왔단다. 나를 만나 다행이란다. 불안하였는지 2시간 넘게 혼자 너무 시끄럽게 떠들더니 도착하여 어디로 가야 할지를 모른다. 조사도 미흡하게 온 그 남성이 미덥지 않다. 왜 이리 바보 같은지, 어떻게 이렇게 무모하게 올 수 있는지 부럽기도 하다. 나를 무조건

따라 온단다. 안쓰럽기도 하다. 그래도 용기는 대단하다. 멀쩡해 보여도 두려움에 스트레스 받는 나보다 낫다. 잘 해낼 수 없을까봐 종종대는 나의 모습이 더 꼴불견이다. 가랑비는 그치질 않는다. 예쁜 작은 마을이다. 몇 개의 식당밖에 없다. 사람들은 바글댄다. 모두가 순례길을 찾은 여행객들로 보인다. 순례자들의 기구를 파는 상점 또한 바쁘다. 긴장과 설렘이 가득 찬 사람들의 발걸음은 바쁘다.

순례자 카드를 발급받는 순례자 사무실은 줄이 서 있다. 피레네 산맥으로 가는 다리 위를 확인하곤 작은 성당의 화려한 단상 위에 마음의 기도를 올린다. 성모 마리아의 따스한 눈길이 나를 그윽하게 바라봐 준다. 최대 9시간을 걸어야 닿을 수 있는 론세바스예스까지 내일 일정이다. 겨울이라 언덕길보다 위험 수위가 낮은 발카를로스로 우회 도로를 걸어야 한다. 나를 믿자. 다짐하며 비좁고 컴컴한 방이지만 다른 한국인들이 10여 명 있어 안심하고 잔다. 방안 가득 탱크가 지나간다. 순례길이 걱정된다. 밤잠 설치기는 당연한 듯 코고는 소리가 사방에 퍼져 있다. 익숙해지길 기도해 본다.

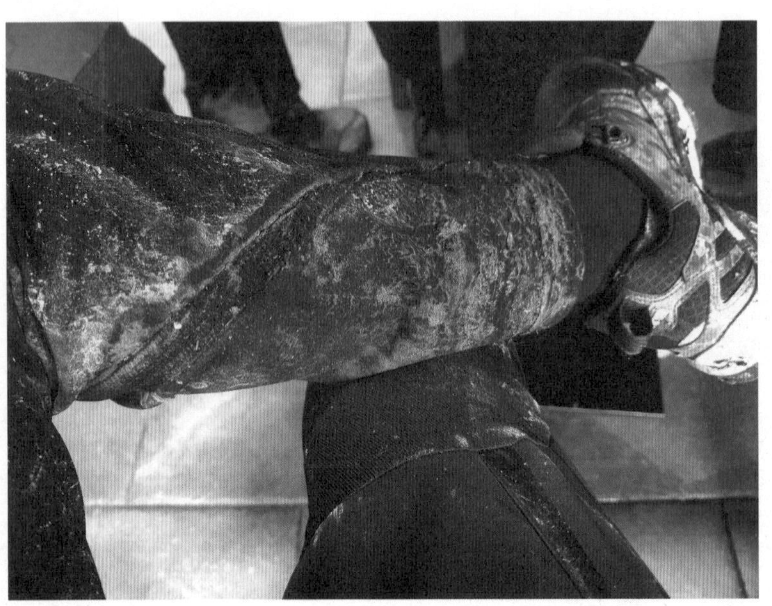

수비리에서 부서진 마음

밤새 뒤척이느라 잠을 제대로 청하지 못했다. 첫 등정에 겁먹었던 피레네산맥을 우연히 만나게 된 세 분과 동행을 하면서 힘이 되었다. 각자 걷는 길이면서 같은 목적지를 두고 떠나는 길. 험한 산길을 28킬로미터 되는 거리를 걷는데, 기대했던 길이기에 그저 신기하기도 흥분도 되고, 얼마나 고통이 따를까 하는 궁금증과 두려움도 있었다. 하지만 빠른 걸음을 걷지 않으려 노력하며 서서히 다가갔다. 다른 분들이 지나치는 걸 보면 나도 모르게 발걸음이 빨라지고 있다. 많은 사람들이 각자 그리고 여럿이 되어 떠나는 길이, 먼저 떠났지만 욕심을 부려 탈이 나던가, 아님 지쳐 느려지고 있다.

피레네 산길을 넘기 전엔 평온한 경사길이 너무 행복에 겨웠다. 아름다운 환경에 매료되었다. 이만하면 충분히 걸을 수 있다는 오만을 가졌다. 어제 만난 미국 아저씨를 떼어 놓고 온 것이 마음에 걸리기도 했다. 못 미더웠지만 불안한 날씨에 늑장부리는 꼴을 이해하기엔 나를 장담할 수 없어 지체할 수 없었다. 내가 성인을 걱정하다니, 고개를 내저으며 눈길과 빗길을 원 없이 걷는다. 벼랑의 순간에 멈춰진 아찔한 미끄럼을 수없이 겪으며 피레네산맥의 위엄을 제대로 느낀다. 론세스바예스에 도착해서는 수도원에서 운영하는 알베르게가 유일하다. 호텔도 있다. 하지만 거의 대부분 사람들은 이용하지 않는다. 순례에 대한 본질적 의미를 벗어난다고 생각하기에 처음부터 찾을 수 없기도 하지만 가격도 비싸다. 수도원엔 나이 든 분들의 봉사로 운영된다. 어르신들의 미소와 따스한 배려가 다시 한 번 봉사하는 모습을 바라보게 된다. 나도 늙으면 저렇게 미소를 짓고 싶다. 백팔십여 명이 넘는 인원이 잘 수 있다. 숙소의 어마 무시한 사람들과 옹기종기 붙어 자는 침대에, 팬티 바람에 돌아다니는 외국인들도 눈에 들어오지 않는다. 숙소에 들어왔다는 것에 감사할 따름이었다. 첫날 치고 나에겐 멋지게 성공한 날이다. 걸으며 론세스바예스라는 첫 목적지가 보이는 순간 가슴에 손을 얹어 토닥였다. 여태껏 해보지 않은 나에 대한 칭찬이다.

어깨 수술 뒤 떠나온 뒤라 어깨의 통증은 사그라지지가 않는다. 발과 어깨의 통증을 느끼면서도 배고픔이 먼저라는 게 신기하다. 진통제를 먹어도 통증을 그대로 느끼는 상태임에도, 마음은 뿌듯하

SEMINARIO EPISCOPAL
ERIGIDO DE ORDEN DE SU MAGESTAD
EL SEÑOR REY
DON CARLOS TERCERO
AÑO 1782
A
ALBERGUE DE PEREGRINOS

다. 비와 진눈깨비 속에 앉을 곳도, 음식점은 커녕 가게 자체가 보이질 않는다. 두 시간을 걸어 아침을 크로와상과 커피 한 잔 뒤라 허기를 움켜잡고 걸었다. 오후 2시쯤에 같이 동행하는 세 분 아저씨들과 비 맞으며 판초 입은 대로 서서 가방에 싸온 빵과 치즈로 배를 채우곤 한다. 작은 행복이 아닌 커다란 행복이다. 거의 열 시간 걸어 론세스바예스에 도착한다.

스페인에 온 지 열흘이 넘어 오랜만에 잠을 푹 잤다. 백팔십 개의 침대에 사람들이 수용소처럼 자고 있는 곳인데 신기하게 편했다. 제일 용기가 필요한 피레네산맥의 험난함을 익히 들어 각오가 남달랐기에 뿌듯함이 더 깊다. 피레네산맥의 두 개의 길이 있지만 하나의 길은 겨울이라 막혀 있다. 그래도 쉽지 않은 길이라 혀를 내 두른 곳이다. 숙제를 해결하듯 해결된 기분이다.

뒤척임의 소리가 사방에 울리어 움직임을 마음대로 못한다. 이층 침대에서 자는 사람과 곁에 붙어 있듯 가까운 침대에서 자는 사람들이 코골이는 잠을 설치게 한다. 각오를 단단히 하고 온 터인지라 짜증보다 그러려니 생각으로 받아들여진다.

수백 명이 샤워실이나, 화장실 몇 개 안 되긴 하지만 새벽에는 제일 편하게 쓸 수 있다. 침대의 삐거덕 소리가 너무 크게 들리는 통에 망설이게 된다. 조심스러운 배려들이 보이는 곳이다. 새벽 다섯 시부터 컴컴한 속에서 너도 나도 가방을 둘러메고 길을 나선다. 하지만 밖으로 나와 보면 아무도 없다. 어느새 각자 길을 걷느라 안 보인다. 까미노 길은 하나인데, 신기할 따름이다. 스스로 궁금하기까지 하다.

두 번째 길을 떠났다. 첫날이 험했기에 편하게 생각했다. 거리도 23킬로미터 정도밖에 안 된다고 가볍게 생각했다. 빗속에 걸음보다 옷 속으로 찾아드는 비바람은 판초로만으론 어림없다. 비바람을 헤집고 가는 도중에 길이 홍수로 인해 옆길로, 뒤돌아 가는 길이 수두룩하다. 나중엔 카미노 길에서 도로변으로 진로를 바꿔 걸었다. 빨강 운동화가 문제다. 바지가 다 젖는 만큼 신발에도 물이 들어 새로운 방법을 찾아냈다. 비닐봉지로 운동화의 시야를 가려서라도 계속 걷는다.

카미노 길로 깊숙이 접어들수록 진흙과의 싸움은 또 다른 끈기를 이끌어내는 시작이다. 어깨의 통증이 수술 안 한 곳까지 아파온다. 웬일인지 온몸으로 퍼지는 통증이 빗물 따라 퍼진다. 평원으로 이어지다 가파른 경사로 이어진다. 이제 편할까 싶은 지점에 이르자 가파른 골짜기를 미끄러지듯 내려오는 건지 달리는 건지 모르게 내려왔다. 끊임없이 오는 비가 지겹다느니, 날씨가 왜 이럴까 원망할 겨를이 없다. 빨강 운동화 위에 가파른 호흡이 얹어져 가려진 시야만큼 휘청인다. 그저 힘든 만큼 기도하게 된다. 발걸음에 하나, 둘 점점 늘어나는 만큼 흐르는 물길은 빨랐다. 그만큼 땅이 파인 곳이 점점 많아진다. 인간에게도 상처 난 곳에 또 다른 상처가 나듯이 파인 곳에 점점 깊어가 디딜 곳을 잃어간다. 미끄러지듯 아차! 하는 순간에도 다행히 넘어지지 않는 행운을 누려가며 걷는다. 노래 부르며 힘겨움 견뎌내는 아저씨들과 발을 맞춘다. 새벽길을 헤드랜턴으로 뽀얗게 열꽃이 핀 것 같은 길을 들뜬 마음으로 걷는다. 착한 얼굴로 야단치듯 서서히 열꽃은 갈대로 일어서 얼굴부터 시작하여 마음까지 때리기 시작한다.

뭔지 모르지만 잘못한 것만 떠오른다. 부모님께, 아이들에게, 주변 사람들에게 너그럽지 못한 것이 후회가 된다. 꼭 옳다고 틀리다고 생각하지 않아도 될 일도 아닌데, 언제나 확고하게 결론짓는 것에 익숙했다. 흙과 백만이 있는 것이 아님을 알면서도 공평함과 명확함만이 최선이라고 생각한 삶이 준 문제들이 떠올랐다. 빨강 운동화에 얹어 걷다 떨어지는 빗방울만큼 당황스럽게 긴장하던 마음이 터진다. 곁에 있던 사람들이 많이도 답답했을 거를 생각하니 미안하다.

지금 곁에서 걷고 있는 낯선 사람들 모르게 헐떡이며 숨을 고르려 한다. 앞에 걷던 남자 분이 그동안 살아온 자신을 떠올려진다며 오길 잘했다고 말한다. 그때 내 속에선 전쟁이 일어나고 있다고 말할 수가 없었다. 잘 살아왔다고 자부한 내 자존심이 무너지고 있다고, 잘한 일보다 못한 일들이 더 많다고 말이다. 생생히 떠올라 감당하기 버겁다.

발에 힘을 주어야 한다. 예견했던 발톱이 두 개가 시커멓게 죽어 있다. 밤사이 부르튼 발가락에 바느질하듯 바늘에 실을 꿰어 물집 사이를 엮어 그곳에 소독약을 들어부어 놓는다. 신기하게도 마음만큼 물집은 가라앉는다. 약을 발라도 발 붓기는 가라앉지 않는다.

순례자들의 숙소에 일찍 들어갈 수 없는 곳이 이곳 스페인 산티아고에선 알베르기라 칭한다. 공립과 사립이 운영하는 곳이 있다. 아주 저렴하여 순례길 방랑자들의 안식처다. 청소 시간이 있어 늦게도 못 나간다. 아침 8시가 퇴실 시간이고 오후 4시 되어야 들어갈 수 있다. 약간의 예외는 있다. 병이 난 경우는 잠시 퇴실 후 오후에 다시 들어갈 수는 있다. 이틀을 묵을 수 있는 단 한 번의 기회이다. 사립은 며칠 묵어도 된다.

순례자들을 위한 배려와 존중의 일상화 되어 있는 시민들의 따듯함에 절로 고개 숙여진다. 스페인 정부 또한 순례자들에 대한 배려가 깊다. 그 이면에는 시골 경제의 중요한 자원 조달이 되고 있을 만큼 순례자들이 꾸준히 찾는 발길일 것이다.

이곳의 구도심은 복잡하여, 말로 표현하기 힘든 골목길이 발달되어 있다. 로마시대를 연상하듯 일률적으로 붙어 있는 집들이 줄지어 서 있다. 틈 하나 없이 문 열게 되면 우리네 봉당을 마주하듯 널찍한 공간을 거쳐 계단으로 이어져 이 층부터 살림집으로 이루어져

있다. 시골을 걸을수록 한가롭고 아름답다. 끊임없이 비가 오는 우기를 걷는 나에겐 처음으로 겪는 버거움이지만 자연의 아름다움이 날 홀린다. 작은 기쁨이 커다란 아픔을 상쇄시키는 것은 인간이 살아가는데 중요한 장점인 것 같다. 한가롭게 고양이들을 자주 본다.

우연히 찾아든 바에서 같이 걸으며 스쳤던 외국인들이 추천한다. 음식이 맛있다고 '엄지 척'을 올린다. 배고픔을 달래기에 바쁜데, 맛있다는 말에 한껏 지친 심신의 위로를 갖고자 바의 문을 연다. 무거운 배낭과 더불어 판초에서 쏟아지는 빗물까지 번거로운 것들을 내던지듯 내려놓는다. 허기져 손가락 하나도 빗물에 절여진 몰골을 못 느낀다. 얼른 소고기 스테이크를 시킨다. 같이 동행한 세 분의 남자들은 특별식을 시킨다. 나로선 어마한 양식 스페셜이었다. 다들 남기는 사례를 처음 겪는다며 행복해 한다. 난 다행이었다. 커다란 스테이크지만 살기 위해 먹던 음식과 다르게 입에서 녹아내리는 듯 맛있게 먹는다.

새로 만들어진 도시 같은 깔끔한 현대식 건물이 낯설다. 사립 알베르게에 입소를 했다. 신발 가득 물이 차 부풀어 오른다. 빨강 운동화가 질컥한 움직임에 잠시 주춤대던 편리함을 쫓으려 한다. 신발을 말려야 조금이나마 컨디션 좋은 내일을 맞이하기 때문이다. 작은 알베르게지만 상큼하다. 문 연 지 얼마 안 된 집이란다. 침대보를 준다. 처음이다. 침대보 하나에 감동한다. 이런 행운을 맞다니

기대하지 않은 것에 하루의 시름이 사라진다. 그래서 힘든 과정 과정을 이겨 나가는 것 아닐까.

휴식을 취하려고 침대에 눕는다. 눈에 보이는 빨강 운동화에서 벌건 핏물이 떨어진다. 마음 안에 미봉되어 있던 상처가 튕겨져 나오듯 불거져 나온 통증이 선명히 보인다.

남이 아닌 내 속에 가두어 놓은 나의 통증을 그대로 보관해 온 듯, 먼 이국땅에서 봉인 해제되어 조각조각 내려지는 작은 상처들이다. 가슴에 얹힌 응어리까지 되지 않아도 될 것들뿐이다. 왜 이리 이해되지 못했던가 싶게 작은 것들을 꽁꽁 싸매어 붙잡고 있었을까? 스스로 받은 상처들 남이 준 상처도 가볍게 흘려 보낼 수 있었던 것을 몸으로 터득한다. 죽을 만큼 아픔이었던 것이, 걸으며 얻은 성장통의 한 과정이었음을 수비리에 오는 길에 숲과 비와 눈 속에서 발뒤꿈치가 쏟아낸다.

아직 길에서 얻은 상실, 길 위에 서 있다.

걷는 길 위에서

아침에 일어나 시작된 고민은 몇 킬로 걸을 것인가에 있다. 또한 점심 식사할 곳을 찾고 저녁에 어느 곳에서 잘까? 중요한 하루의 일과이다. 점심에 먹는 샌드위치 또한 우리네 부드러운 빵에 야채가 아닌, 딱딱한 바게트 빵에 약간의 야채와 스페인 특식인 소금에 절인 하몽이 들어 있다. 짜기도 하지만 딱딱함이 목이 메인다. 그나마 몇 킬로 걸어야 먹고 쉴 곳이 있을까? 5킬로, 6킬로미터 뒤에 쉴 곳이 있다면 적당한 안심을 안겨 준다. 저녁에 쉴 곳에서 온수가 나오길, 냉방이 아니면 더욱 좋을 텐데 하는 기대감이 전부이다. 인간이 살아가는 데 최소한의 혜택을 누리는, 길 위에서의 생활이다.

라 부르고 라네르까지 가는 길에 횡재를 만났다. 순례자들을 위한 배려로 가끔 탁자가 보인다. 탁자 위에 전혀 손을 대지 않은 와인 코르크까지 그대로인 와인 한 병이 놓여 있다. 어쩜 이렇게 신날까. 하지만 둘이 몸살 겪어 하루 늦춰진 덕분에 같이 오늘만큼은 천천히 걷기로 약속하고 보폭을 길고 느리게 움직인다. 한데 길에서의 이런 일이 있다니 동행한 정인 씨와 눈을 서로 마주치며 웃는다. 누군가 먹으라고 두고 간 거라는 확신을 하면서, 하지만 걷는 길에 마실 수는 없다. 가져갈 수도 없다. 가방의 무게를 감당하기란 쉽지 않은 것이 현실이다. 지나는 순례자 누구도 손을 댈 수 없어 그대로 탁자 위를 지키고 있다. 아쉽지만 와인을 뒤로하고 걸으면서 누군가의 선물로 받아 마신듯한 마음으로 걷는다. 3킬로 넘게 걸어 도착한 바 탁자 위에도 와인이 있다. 우린 서로 마주보며 웃는다.

간단한 간식으로나 먹었던 빵을 주식으로 먹는다. 배를 채우기 위해 먹는다. 일 년이면 손에 꼽을 정도로 먹은 기억밖에 없는 빵을 먹기란 나를 고문하는 또 다른 병기이다. 식성이 하루아침에 변할 수 없다. 쉽지 않은 허기짐을 가져야 한다. 커피와 빵 한 조각으로 시작하여 걸음은 시작된다. 해가 뜨기 시작부터 발걸음은 분주하다. 몇 킬로 가야만이 쉴 수 있는가? 몇 킬로미터 가야만 밥을 먹을 수 있을까를 대충 파악하고 걷지만 마음대로 이뤄지지 않을 때가 더러 있기 때문이다. 간식과 더불어 화장실 문제를 감안해야 한다.

아침 발걸음과 함께 여기저기 알베르기에서 나오는 순례자들의 얼굴은 진지하다. 서로 이해되는 모습으로 서로 '좋은 길이 되세요.'뜻으로 부엔 카미노란 인사를 주고받는다. 도미트리인 순례자 숙소라 여럿이 같은 방에 같이 지냈을지언정 서로 힘을 주는 행군의 시작을 알리는 것 같다. 컴컴한 새벽에 너도 나도 조심스럽게 불도 켜지 않고 세안과 함께 배낭을 싸안는 사람들, 곁에 늦게 일어나는 마지막 한 사람까지를 위한 배려로 준비했을 그들이다. 보이지 않는 모두의 배려로 이루어진 도미토리 숙소 생활이 익숙한 순례자들이다. 난방이 이루어지지 않는 숙소들이다. 온수만이라도 감사함을 너머 행복함을 갖는다. 거기에 순례자 음식이 조금의 정성이 담긴 것에는 주인에게 끊임없는 고마움을 표한다. 그만큼 행복함과 감사함이 저절로 우러나는 곳이다. 순례 길을 걷지 않는다면 결코 고마움도, 감사함도 느낄 이유를 모를 일이다.

초겨울의 순례에는 우기가 겹쳐 하루종일 비 맞으며 걷는 일이 비일비재하다. 그렇다보니 행복감은 자연 속에서 그저 얻어진 것이 아님을 자연으로 돌아가는 길 속에서 터득한 것이다. 약간의 지식은 다양한 계절에 다녀온 사람들의 주관적인 경험뿐이다. 일주일 차이도 커다란 차이가 있음을 꿈에도 몰랐다. 하지만 이런 불편함이 새로운 경험에 대한 호기심으로, 또 다른 행복을 가져다 주다니 여분의 행복을 나눠주는 듯하다.

마음의 살이 돋아나는 시간들 속에는 많은 사람들이 함께하는 것임을 인정할 수밖에 없다. 다양한 사람들의 생각과 행동 속에서 또 다른 나를 본다. 외국 사람 우리나라 사람 차이는 없다. 그저 각자 기원을 하면서 걷는 모든 사람들은 아프다. 나도 아프다. 하지만 누구도 아프다는 소리를 않는다. 아프다는 소리를 하는 이는, 이 길을 이탈한다. 그만큼 가진 생각의 크기보다 속이 꽉 찬 마음이 그저 예쁘다. 누가 뭐라 하기 전에 서로가 안는다. 어느 사이 공감대로 형성되어 눈에 안 보이는 사람에 대해 안부를 묻는다. 부대끼는 시간만큼보다 더 진한 여운을 남기는 길에서는 모두가 힘겹지만 길 위에선 나만이 아님을 안다. 삶 속에서 나만이 힘들지 않음을 알지만 이해하고 배려할 여유가 없을 뿐이다.

하루 이틀 아픔이 지속되는 속에서도 앞날이 먼저 걱정됐다. 핏물이 흐르고 발톱이 빠지는 상황 속에서 살아본 적 없는 경우라 그저 아프고 힘듦이다. 어찌 해야 할 방법을 모른다. 하지만 걸어야 한다. 주저앉을 수 있는 이유는 아픈 것 하나밖에 없다. 이유가 약하니 걸어야 했다. 왜냐하면 자신 속에서 얼마나 많은 시간이 낙오자로 자신을 괴롭힐 것인가를 알기에 주저앉는 선택은 할 수가 없다. 천천히 걷기로 한다. 천천히 남들이 곁을 지나칠 때의 마음은 조급증으로 조금 압박감을 주지만, 시간이 지나면서 인사하는 걸로 욕구를 채워가는 것도 좋았다. 누군가에 힘을 주는 것이 내 일이었음을 깨닫는다.

밤에 울리는 전화기는 길 위에 서 있는 자들의 울부짖음으로 들린다. 뛰는 가슴에 일단 받는다.

어릴 적에 남의 집 처마 너머에 날아오는 살림도구에 겁먹던 무서움은 아직도 내재해 있다. 하지만 아픔의 현장을 보면서 제대로 도움이 되지 못함이 나에겐 시련이다. 극한의 상황에 지푸라기라도 잡는 피해자들의 상실감을 보면서 힘이 부족한 나에겐 무력감으로 밀려온다.

재혼한 여자 분이었다. 첫 번째 남편의 폭력에 힘들게 이혼을 경험한다. 그러다 지금의 두 번째 남편을 만나 아이를 낳은 직후부터 폭력이 시작되어 결국 쉼터로 도망쳐 혼자 살게 되었다. 언제나 그렇듯 남편은 결코 쉽게 놓아 주질 않는다. 자신의 소유물이라 여기는 경향이 있다. 그러는 와중에 남편은 아이를 미끼로 협박을 해 오다 반응이 없자, 아이를 방치하는 상황이 벌어졌다. 하루는 아이가 배고프다며 하루 종일 밥도 못 먹고 아빠가 때렸다며 구조 요청이 온 것이다. 엄마는 이성을 잃을 정도로 어쩔 줄 몰라, 본인이 구조 요청 뒤에도 가끔 상담오던 곳이기에 개인 연락처로 전화를 했다. 허둥지둥 횡설수설이다. 안정시켜가며 차근차근 묻는다. 경찰을 동반하여 확인할 수 있는 피해아동지원센터로 연결을 해 준다. 하지만 발 동동대며 다시 연락이 온다. 집에 가보지도 못했다며, 아이 아빠가 아무 일 없다며 확인을 거부했다는 이야기다. 밤새 잠은커녕 식사도 할 수 없는 어미의 절박함이 전화기 너머에 흘러나온다.

모성의 간절함이다. 2011년엔 어찌 도와줄 수 없었다. 확인할 이렇다 할 방법이 없는 상황에 엄마의 울부짖음을 토닥여주며 잘 지내길 바랄 뿐이다. 며칠을 집 앞을 맴돌며 아이의 상태를 확인하는 어머니의 심정을 매일 상담으로 공감하며 위로하는 내 자신이 부끄러웠다. 도망치고 싶었다.

여성의 전화를 몰랐을 땐, 다만 확신이 없어 외면해 왔다. 남의 일이었다. 그저 도망치듯 피해 온 무서움이다. 여성주의 시각이 싹 트는 과정 중에 생각은 늘어만 갔다. 입 밖으로 내놓지 못한 소심함은 더 나를 아프게 한다.

소심함으로 사회에, 정부에 왜 대놓고 잘못되었다고 못 했을까? 그동안 적극적인 법 개정의 필요성을 이야기커녕 소심하게 바라보기만 한 것의 후회는 밤잠을 설쳤다. 그렇게 아픔은 이어져 갔다. 그동안 갇힌 인식 속에서 밖으로 나오는 과정이 쉽지 않았다. 긴 장마에 집안 가득한 눅눅한 습기가 온몸으로 피어나듯이 마음의 곰팡이가 퍼졌다. 지루함을 이겨내지 못하고 습기의 본성대로 꽃은 무성하게 번지기 시작한다. 걷잡을 수 없는 찐득하고 푸르스름한 혈색을 발하며 감정을 잡아챘다. 과감하게 소리 지르고 싶어졌다. 사람이 죽어 가는데 소심함이 지겨웠다. 땡볕에 땅이 갈라지듯 어느 날 솟아나기 시작한 소리가 들린다. 처음 듣는 외침이 내 속에서 나온다. 모른다 하기엔 오래전부터 알았던 한숨의 주범이었다. 지금까지 답답함이 주던 통증이 흐른다.

술 취해 잘못 온 전화에 안도의 숨을 쉰 적이 여러 번이다. 전화기는 베개 밑에 내려놓는다. 전화기를 보며 전화벨이 울리지 않기를 바랐다.

걷다 보니 서서히 발의 통증이 덜하게 됨을 깨달았다. 매일 밤이면 확인하는 상처가 서서히 살아나고 있다. 태어나 이렇게 발톱과 발뒤꿈치가 파인 것을 겪은 적이 없다. 아프면 안 아픈 방법을 찾았다. 하지만 그럴 수 없는 시간들이다. 살이 파이고 발톱이 들떠있고 시커멓게 멍들다 못해 죽어가는 지금도 걷는다. 아프면 더욱 누군가를 위한 기도가 될 거라는 생각이 힘이 된다. 특히 우리 아이들과 심하게 아파하는 내 조카의 상처를 안아 주고 싶다. 너무 한심한 나의 모습에 주변 사람들은 대단하다는 말로 힘을 주었다. 하지만 내 삶이 그렇듯 잘한다 대단하다는 말에 물불 가리지 않는 시간들을 보낸 적이 너무 많았다. 그러다 보니 많이 아파도 아프다는 소리를 못했다. 혼자 아프니 더 외롭고 쓸쓸함이 절실함에도 남들은 모른다는 생각이 더욱 고립된 내 시간들이었다. 울지도 못하는 마음속에 말할 수 없는 아픔이 머물러 있었다. 사람들에게는 좋은 척하고 싶었다. 누군가 아픈 사람들을 도와주다 나를 잊어가며 살았다. 그래서 일이 없는 시간을 누리지 못하는 사람이 되었다.

내 발톱의 하나가 살아났다. 너무 신기했다. 그저 기뻤다. 어찌 살아났을까. 하지만 두 번째 발톱의 혈색이 살아나고 발뒤꿈치에 살이 돌아 분홍색을 띠고 있다. 기특하여 발을 매만져 준다. 뭉클하다. 자연 속에서 부대낌으로 얻은 선물이다. 매일 움직이는 시간 속에서 혈액이 움직이며 자연스런 몸의 균형을 찾는다. 그만큼 나의 영혼도 자연에 다가가 있었다. 자연의 모든 생물과 소통을 하게 되었다. 새와 인사를 나누고 풀들과 눈인사 나눈다. 바람을 몸으로 맞이하고 하늘을 온몸으로 느끼고 바라보고 순간순간 변화에 함께한다. 비가 오면 온몸으로 받아 흐른다. 바람 불면 맞기도 하며 안기고 보낸다. 헤어짐도 자연스럽다. 햇살을 느끼고 받고 온몸을 통해 이룸의 따스함을 갖는다. 땅으로 내려 보내는 마지막 흐름의 경지까지 경건하게 이루게 됐다. 내 살이 살아나듯 나 자신 속에서 자연이 살아나는 것이다. 감사함이 이런 것이다. 그리고 내가 사랑하는 모든 사람들을 위해 기도 드린다.

두 번째 이야기

벌건 태양 속에서 벌어지는 전투를 연상시키는 나의 사투는 사지 마디마디가 삐걱대었다. 나이가 주는 힘겨움에 인간이 가진 오만을 조롱하듯 살 떨리는 한 뼘 발자국 옮김이 이리 흐르지 않는 피를 불러낸다.

천사가 있는 도시

팜플로나에서 어쩔 수 없이 찻집에 앉아 시간을 보내야 했다. 쉬어야 하는데 쉴 곳이 마땅치 않음이 참으로 불쌍하다. 쉴 곳이 있다는 것이 얼마나 행복한가 싶다. 빨강 운동화 너머로 통증이 올라왔다 피 묻은 양말을 보니 더 아픈 듯하다. 움직일 수 없는 으스스한 몸과 열기는 내일이 걱정된다. 어쩔까? 그래 하루 이곳에서 쉬자고 마음으로 다짐한다.

팜플로나는 큰 도시다. 마드리드에서도 바로셀로나에서도 들어올 수 있는 교통편이 발달된 도시이다. 신 · 구 도심이 공존하는 도시답게 복잡함과 여유로움이 엿보인다. 구도심은 융성했던 과거를 여실히 보여주는 웅장함을 그대로 보존해 있다. 동유럽을 걷는 기분이다. 백화점이 있고 교통의 요지답게 버스터미널과 역사는 도시와 떨어진 곳에 위치해 있다. 골목과 골목의 연결된 구도심을 헤매기 일쑤다. 활기찬 시민들의 모습은 바에도 여실히 보여준다. 하지만 그 많은 사람들 속에 젊은 친구들을 보기란 쉽지 않다. 젊은 친구들은 순례자들의 확률이 더 높다. 복잡한 커피숍엔 어르신들이 오고가며 커피를 마시고 나가는 동안 난 그저 태블릿 피시를 내놓고 글을 쓰고 있다. 밖은 조금은 잦아진 비가 보슬보슬 내린다. 나이 든 아주머니는 혼자 커피와 샌드위치 하나로 시간을 때우고 있어도 관심 없이 열심히 커피를 판다. 시간이 많이 지났다 하는 순간 배가 고팠다. 이틀간 제대로 끼니를 때우질 못했다. 살기 위해 조금씩 먹어선지 자주 배가 고프다.

사전을 찾아 스페인어로 다리가 아파서 그러는데, 계속 앉아 있어도 되냐고 묻자 그러라고 하면서 스페인어로 얘기한다는 것에, 너무 기뻐하신다. 난 진한 커피임에도 미안해 또 시킨다. 다른 종류의 샌드위치랑 먹으려 주문을 하니 주인장은 안 시켜도 괜찮다는 듯 손짓 발짓으로 표현을 한다. 대충 알아듣는 소통 방법이 서로가 기쁘다. 한데 주인장이 잠시 기다리라고 하더니 가게를 비운다. 소독약과 상처 밴드를 가져와 기꺼이 상처 치료를 해준다. 어찌나 감사한지 가슴이 뭉클하다. 나에겐 당신이 나의 천사라고 말했다. 우린 서로 기뻐한다. 준 마음과 받은 마음의 통하는 그 순간 스페인이 새롭게 다가온다. 억세게 들리는 언어와 행동들이 자상하게 느껴졌다. 외로움도 사라지고 그저 잘 알던 곳으로 느껴지는 것이다.

팜플로나의 거리의 고풍스런 도시답게 도시 주변뿐 아니라 중심에도 성당이 곳곳에 있다. 종교의 힘인가 아님 생활인가. 왜 그리 자존심이 강한가를 느낄 수 있을 것 같다.

느긋한 성향답게 무엇이든 기다려야 한다. 난 속으로 무엇인가 시켜 놓고는 하나, 둘, 셋을 세기 시작한다. 주문 받고도 곁에 사람들과 농담도 주고받는 여유를 물끄러미 쳐다본다. '아 이랬구나!' 그동안 기다려도 화가 안 나는 여유로움이 있었던가, 그렇게 여유롭지 못했던 것 같다. 이곳 사람들 성향을 인정하고 난 뒤엔 느긋해지는 마음인 것이다.

수비리에서 오는 내내 빗물에 얼굴이 씻기고 발길에 흙더미가 앉는 동안 난 저 멀리를 바라볼 수가 없었다. 빨강 운동화 한 발자국 위에 얹히는 나의 무게를 감당하기에도 버거웠다. 발길만 바라봤다. 빨강 운동화의 움직임 속에 생각도 잊는다. 다른 생각하기엔 삐끗해질 수 있는 육체를 다 잡아야 한다. 그저 걷는 것 외엔 없다. 오롯이 발만을 응시해서도 안 된다. 길이 주는 숙제를 발이 해결하고 있을 뿐이다. 물길이 나 있는 산길에 돌들은 빨강 운동화의 디딤돌이 된다. 하지만 이번 길은 도로 길이 더 많이 차지하고 있다. 아스팔트길을 걷는 것이 더 힘들다. 차 위에 내려진 빗물이 발 위에 내동댕이쳐질 때쯤이면 짜증이 난다. 그러다 클랙슨을 눌러 '엄지 척'

해주는 착한 이들을 만날 때면 뭉클함이 솟는다.

가파른 흙속에 빠지는 것보다 비바람이 눈을 뜰 수가 없다. 판초가 눈을 가려지면 가슴이 답답하고 앞이 캄캄하다는 생각이 들어 비를 맞아야 한다. 등산 스틱을 의지하여 팔에 힘을 주어 물구덩이를 뛰어넘는 고갯길도 나름 재미는 있다. '와우'를 외쳐가며 나의 행동들이 새롭다. 눈길에 미끄러지고 가파른 눈 속을 헤매었던, 겁먹게 했던 피레네산맥을 생각하면, 너무 여유롭게 걷는다. 빗물이 온몸을 쓸어내린다. 마음도 몸도 씻기는 기분에 핏줄조차 통증이 있을지언정 시원한 느낌으로 걷다. 남이 보기에 흉해 보이고 소름끼치는 상황임에도 나에겐 아픔만큼 나아질 것 같은 심정이 솟는다. 부드럽게 젖어드는 빗방울에 마음을 풀어 놓는다.

지금, 따스한 이 순간을 잊고 싶지 않다. 속 풀이하듯 꾹꾹 눌러놓은 내 감정을 풀어 헤치고 싶다. 그래도 신체의 한계는 외로움보다 노숙자의 한기를 준다. 작은 손길이 그 한기에 모포를 덮어준 것이다. 내일은 걸을 수 없다고 포기한 하루를 찾았다.

조용한 푸엔테 라 레이나

피곤을 푸는 곳이 따로 있나 보다. 빨강 운동화를 벗어 탈탈 털어 햇볕에 말린다. 참으로 한적한 시골은 어디나 다 같다. 어릴 적 느꼈던 시골이다. 어르신들의 여유가 느껴진다. 찬란했던 역사의 현장을 보듯 작은 마을 곳곳을 누비며 호흡한다. 작은 돌 하나에도 역사의 흔적을 가지고 있는 도시가 새롭다. 끊임없이 부시고 채우는 우리네 도시와 다르게 과거를 품은 곳이 더 정감을 갖게 한다. 그렇듯 인간애적 호감을 갖게 하는 삶이 묻어난 무엇인가에 매력을 느끼는 것 같다. 작은 구멍가게가 있고 수십 년간 이어온 꽃집 주인장은 중년을 훨씬 지난 분이시다. 성당 곁에 자리한 화환이라고 말하기엔 작은 가게 안에 초상화가 벽 한 면을 가득 채웠다. 젊었을 때 자신이라고 소개한다. 화환의 아기자기한 꽃이 많지 않아도 그득해 보이는 것은 아마도 주인장의 밝은 웃음 덕분이리라.

너무 오랜만에 따스한 햇살을 그대로 받으며 앉아 있다. 그리고 자연은 거칠 것 없는 나에게 다가와 앉는다. 정겹다. 차갑고 따사로운 이것은 무엇일까. 햇살을 있는 그대로 받으며 앉아 있었던 적은 처음이다. 이리 햇살을 피부에 온전히 받아들이는 것을 너머 반가운 마음이 왜 들까. 아마 자연 그대로 몸에 닿는 시간을 가져본 일이 너무 오랜만이다. 뭐하느라 그랬을까 떠올려 봐도 그리 거창하게 해 놓은 일도 없으면서 그저 힘든 무게를 짊어진 느낌으로 살아온 것 같다. 뭐 그리 대단하다고 느낄 만큼 몸 바친 것도 아니면서 힘겨워 했을까. 남들 말에 별 동의하지 않는다. 그저 하는 말일 경우가 더 많기 때문이다. 하지만 안 좋은 건 생각해 본다. 무엇이 문제인가를 곰곰이 떠올려 보며 아파도 들어야 함을 안다. 아프다 하지만 내 스스로 만족하지 못한 현실에 있다. 만족하는 삶에 가까이 다가가려 애써 왔다.

거대도시로 느껴졌던 팜플로나와 다른 이곳에서는 '메르세 축제'라는 명칭 '성모 마리아 축제'를 기념하기 위해 작은 동네가 들썩인다. 자비의 어머니라 부르는 축제답게 고요하지만 정성 어린 손길로 성당 안은 화려한 가마 위 성모 마리아의 모습에 고개를 숙인다.

동네 어르신들의 미소 뒤에 따스함이 깃든 성당은 화려한 영성의 장으로 만든다. 작지만 작지 않은 기품 있는 마을 사람들의 근원을 보는 듯, 마을 곳곳에서 정장차림의 호의적인 배려를 받는다. 밴드를 사러 나갔다가 무엇에 홀리듯 골목을 헤맨다. 또한 로마의 골목을 연상하듯 골목을 헤쳐 나가기가 쉽지 않은 도시이다. 생장을 가기 위해 거쳐 가기도 해, 두 번째로 거쳤던 팜플로나를 떠올리게한 곳이다. 중년 아저씨가 신도시에서 구도심 연결된 길을 못 찾아 헤매던 나를 신도시와 구도심의 연결된 에스컬레이터로 인도해 주던 따스한 도시, 천사가 있는 도시로 기억된 곳이다. 얽히고설킨 미로를 묻고 물어 찾아낸 길은 내가 살던 도시의 혼잡함을 보았다. 조급함으로 가슴을 조여올까 빨강 운동화는 다급함으로 달렸다. 벗어나 밀밭의 푸릇함을 지나오며, 답답함이 풀렸다. 난 그동안 도시가 나를 묶어 놓듯 답답함에 가방을 꾸려 도망치듯 여행을 즐겼다. 살 것 같은 평화로움을 알았기에 공황장애라는 아픔을 그렇게 풀어야 했다. 하지만 그저 답답함을 잠시의 환경 변화로는 어쩔 수 없다. 돌아오는 길에 층층이 쌓아 놓은 고층 건물을 보면서 다시금 답답함으로 밀려왔었다. 하지만 이곳 레이나의 평화로움은 높지 않은 건물과 스페인의 전통 가옥 구조에서 우러나오는 온기가 있다. 좁은 골목이지만 그래서 더욱 사람냄새가 풍기는 어르신들의 녹슬지 않은 미소가 푸근함으로 전해진다.

몸은 아팠지만 초원을 걷는 나에겐 마음이 평화로웠다. 단거리를 걷는 스페인 어르신들을 부축하기도 하면서, 부활절을 앞두고 걷는 그분들 보며 보기 좋았다. 묵주를 끊임없이 돌려가며 가파른 호흡

을 감내하는 기도의 제목이 무어라도 좋았다. 그렇게 용서의 언덕을 넘어온 지금 나를 용서해 주고 싶다. 가파른 숨소리만이 들리는 길답게 힘겹다. 무거운 마음을 짊어지고 가기엔 숨쉬기에 버겁다. 그래서 용서의 언덕인가보다. 한데 무엇을 용서할까? 그렇게 쉽게 용서를 하는가? '맞다!' 용서라는 것은 내가 남을, 아니면 남이 나를 용서라는 것만 알고 있었다. 아픔을 내 스스로 인정해 주지 않았다. 아픔을 제대로 보려 하질 않았다. 그저 아프다는 것 외엔 벗어나려 애만 썼다. 그나마 스스로 상담을 하면서 무엇이 제일 아픈가? 왜 그리 아픈가? 를 알았을 뿐이다. 문제만을 찾았다. 얼마나 아프고 얼마나 상처 받았는지를 어루만져 보기엔 스스로가 바보스러움이 더 컸다. 그러다 보니 말이 많아지고 말의 실수로 잠을 자려 누우면 후회되는 만남이 많아졌다. 왜 그리 자신을 돌보지 못할까? 짜증만을 낼 뿐 그 이상 너머 가지 못하는 미련한 나를 용서해야 한다. 무엇이 부끄러워 자신이 자신을, 제대로 상처조차 제대로 봐 주지 못하는지를 용서의 언덕을 넘으며 나와의 타협을 한다. 그러고 나서야 피 흘리는 내 발의 아픔보다 마음의 아픔을 덜어주기 위해 레이나에서 하루 쉬기로 결심한다.

마음을 가두어 놓지 않기로 하자. 온 마음과 온몸의 구석구석 산소를 넣어주자. 아주 천천히 작은 마을을 거닌다. 왕비의 다리 위에서 주변을 보다 순례자들의 발걸음을 보며, 어느덧 마음이 동요된다. 어

떨 수 없는 욕구이다. 내일 걸어야 할 길을 외면하기 위해 강가에 가본다. 이곳은 순례자들이 들러 낚시도 한다는 깨끗한 강가이다. 카스티야 왕국의 산초 3세 부인의 이름을 딴 아르가 강(Rio Arga)가에 쪼그려 앉아 흐르는 강물 위에 마음을 쓴다. 마음에 병으로 두려움에 떨다 놓쳐버린 나를 찾게 해 달라고 쓴다. 아이들과 부모님께 조금 더 헤아리지 못한 미안함이 울컥 솟는다. 잔잔하던 강물이 내 눈동자 위에서 출렁인다. 떠난 뒤 후회하지 말자는 생각으로 강물 위에 "사랑한다." 글자를 새겨 보낸다.

멋쩍은 내 모습에 사방에 떨어진 쓰레기를 줍는다. 속이 깨끗하다. 그리고 의자에 앉아 햇살에 마음을 널어놓듯 그저 떠오르는 대로 본다. 그리움이다.

바람의 도시, 로스 아르코스

푸엔테를 떠나는 빨강 운동화에 철근을 넣은 듯하다. 그동안 참아온 상처들은 떠나지 않고 그저 누적될 뿐이다. 나에게 누적된 이야기 속에 박힌 흔적만큼 홈이 파여 있다. 까진 살 위에 약을 바르고 테이프팅을 한다. 그 위에 두꺼운 양말로 덧입히듯 싸매고 걸음을 걷는다. 십 분 동안 아리도록 아파 온다. 삼십 분을 지나니 그럭저럭 걸을 만하다. 한 시간 지나서는 감각을 잃고 21킬로미터가 넘는 길을 오늘도 걷는다. 평소라면 '아싸! 20킬로쯤이야.' 하며 느긋하게 걸었을 것이다. 빗발치는 산길을 걷는데, 그저 온몸에 촉각을 일으킨다. 내가 알던 자연의 너그러움이 아니다. 바람을 헤치고 벗어나오려 기를 쓰며 온몸을 땅에 힘을 주며 걷는다. 나 자신을 바람을 갈라놓는 기둥이려니 싶을 만큼 에워싸듯 휘돌아치는 것이 버거워 휘청이기를 몇십 번 사지의 근육은 당겨져 있다. 5시간이면 충분히 도착할 거라고 나를 위로한다. 이렇게 위로할 줄도 알다니 꽤나 발전한 자기애이다.

살을 돋우려 약을 바르듯 그저 너그러움으로 채우려 애썼다. 하지만 그건 마음뿐 너무 힘든 건 아플 때, 솟아나는 맨홀이 되고 있는 흔적들이다. 단지 못 느끼고 있었을 뿐이다. 사람에 아팠다. 사람에 휘청이는 내가 싫었다. 무엇 때문인지도 모른 채 세상에 외면당하는 듯하는 기분이 들 때면 부지런하게 움직였다. 언제나 올바른 내가 되는 것이 목표였다. 누군가 보더라도 배울 점 있는 사람이 되고 싶은 것이 어렸을 때부터 생각이었다. 왜 그런 생각을 했을까 생각해 보면 아마 주변 어른들이 그런 말씀을 자주 하셨던 것 같다. 하지만 오히려 득이 되지 못하고 마냥 허둥대기 일쑤였다. 모든 것이 올바른 길을 갈 수 있을까? 그건 있을 수 없다. 다만 내 식으로 그렇게 살아온 것이다. 올바르다는 것 자체가 무엇인지 주입식으로 배운 나에겐 착해야 한다는 것, 중요한 핵심이다. 하지만 자신에겐 착하질 못하는 우매한 삶을 만들어 왔다. 아마 그래서 더 쓸쓸하게 느낀 시간들이 많았다. 맨홀로 빠지듯 헤어나질 못하게 깊어만 가는 답답함으로 도망치고 싶었다.

로스 아르코스는 끝도 보이지 않는 평야로 끌려가듯 걷는다. 밤사이 마셨던 와인이 왜 그리 깊은 맛이 났는지 알겠다. 포도나무가

겪었을 시련을 겪는 중이다. 바람은 가장자리를 걷는 요령을 가져다 준다. 어느덧 한가운데로 밀려와 있다. 스틱에 힘을 더 준다. 버티기 작전이다. 바람에 이길 수는 없다. 곁에 어린 친구들이 동행하고 있지만 그 친구는 뒤에서 버겁게 따라온다. 독일 친구 프랭크와 한국인 친구 정인 씨, 하진 씨 등 엎치락뒤치락. 대단하다. 어른인 나는 살아온 과정 속에서 얻어진 끈기가 있다지만, 젊은 친구들이 자신을 뒤돌아보기 위해 힘겨운 길을 선택한 것부터 우러러 보인다. 체력 하나로 걸을 수 있는 곳이 아니기에 깊이 있는 젊은 친구들이 대견스럽다.

발을 옮길 수가 없다. 발등에 앉는 바람의 무게보다 삶의 무게가 더 버겁다. 내가 가고자 하는 길에 대한 집착이다. 자연이 가는 길을 가르며 나는 내 길을 굳이 가야 할 생각밖에 없다. 정해진 곳에 숙소가 있고 밥이 있다. 멈출 수 없는 이유를 들지만 가랑비가 옷깃을 잡아도 앉을 수 없는 또 다른 이유가 있다. 땅바닥을 앉을 수 없는 도시의 사람이다.

흙탕물이라도 튀길까 소스라치는 깔끔함으로 살아왔다. 어릴 적 도시락에 수저를 빼먹고 등교하는 날이면, 다른 친구의 수저를 빌리는 대신 친구에게 도시락을 양보하는 것으로 택했다.

그렇듯 사는 것 또한 깔끔함을 중요시 했다. 작은 약속이라도 지켜내야만 했다. 그것이 삶을 깔끔하게 사는 방법이라고 생각했다.

그렇지 않음 오물이 묻은 듯 찜찜하여 발 뻗고 잘 수가 없었다. 작은 배려는 큰 배려의 약속으로 이어졌다. 어느 날 배려가 당연시 된 순간, 상처는 깊었다. 상처가 된 마음을 거둬들이기엔 미움 받을 용기가 부족했다. 혼자만의 깔끔한 삶의 방식이 착한 병을 키우고 있었음을 안 순간 이미 병은 깊었다.

그 병 찌꺼기가 지금 길에 뿌려지고 있다. 이미 탈탈 털고 일어나는 순간 미움 받을 용기뿐 아니라 당당함으로 섰지만 부스러기가 있었나보다. 빨강 운동화 안으로 고이다 넘쳐흐른다. 빨갛다 못해 더욱 붉은 홍조를 띠고 있다.

끝도 시작도 없이 비바람이 불어온다. 온몸의 상처는 멎었다. 오로지 바람만이 살아 움직인다. 대자연의 평원들도 누웠다. 바람이 불 땐 누워야 하는 지혜를 외면하며 그대로 직진한다. 콧물이 내리고 손등에 흐르는 빗물이 따갑다. 아무래도 익숙한 내 삶을 내려놓을 수 없다. 그리운 사람들이 온몸을 지탱하게 한다. 온몸으로 받아본 사랑이다.

단절의 시간

나헤라(Najera)부터 시작된 단절은 시작되었다. 빗물이 준 선물은 혼돈의 파란을 일으킨다. 막막하다. 또다시 절벽에 서 있는 지금, 숨이 코 앞까지 막혀온다. 내가 아는 모든 사람들과 연결의 고리가 끊어져 우주에 떠도는 방랑자다. 다가갈 수 없는 허공에 둥실둥실 땅을 디딜 수 없을 것 같은 두려움의 엄습해 온다.

스페인에 도착해서 겪은 며칠 단절의 아픔이 공황을 만들어 죽음을 넘나든 것이 떠오르며 식은땀이 난다. 호흡 조절 능력이 떨어져 가며, 순간 "어쩌지! 어쩌지!" 라는 외마디를 외치며 목이 조여 온다. 호흡을 어찌 가라앉혀야 하는데, 여태껏 어찌했지? 라고 스스로 천천히 기억을 되살려야 하는데 또다시 조급하다. 어느 단어도 떠오르지 않고 공황상태로 접어 들까봐 '급하다'란 단어만이 머릿속을 꽉 채운다. 어렵사리 찾은 말은 '괜찮아!'이다. '괜찮아!'라며 토닥이고서야 그 다음 말이 떠올랐다. '기껏 며칠이잖아.'라고 위로한다. 처음과 달리 조금은 침착함이 가져진다. 하지만 정신을 잃어버릴 지경까지는 아니라는 걸 인식하면서도 휘청거린다. 시골의 한적함이 그리 좋았건만 통신두절이 답답한 시골뿐이다.

연락이 끊긴 것이 아닌 연락할 수 없다는 것이 고통을 동반한 불안감으로 더 심해진다. 내 가족들이, 내가 사랑하는 사람들이, 걱정할 것이란 생각이 떠오른 순간 감정의 벼랑을 달린다. 일어나 앉아 있기엔 다른 사람이 코앞에서 자고 있다. 머리 위에서도 힘겨운 하루를 달래며 잠을 청하고 있다. 움직이면 움직이는 몸짓 하나라도 그대로 느껴지는 공용 숙소이다. 바스락 소리보다 침대 전체가 흔들리는 이층 침대라 몸 뒤척임도 신경 쓰이는 잠자리이다. 화장실로 피신을 해 본다. 유일하게 남에게 피해 주지 않고 앉아 있을 곳이다. 이제 숨을 크게 쉬어도 된다. 크게 호흡을 수십 번 해 본다. 서서히 나의 마음을 내가 조정할 수 있을 즈음 식은땀이 그득하다. 식은땀을 문지르며 내일은 와이파이가 터지는 곳이라는 기대로 안정을 취해 본다. 하지만 확실하지 않은 정보임을 알기에, 구체적으로 어떻게 할지를 머리로 그려본다. 와이파이 터지는 곳에서 '카카오톡을 연결함 되는 거야.' 안 되면 부르고스(Burgos)까지만 참으면 될거야. 중도시니까 어떻게 하든 해결할 수 있을 거야.

간단하고도 최소한으로 해결할 수 있는 순례길, "걸어야 한다, 자야 한다, 먹어야 한다."라는 생각 외엔 그리 큰 생각도 바람도 없다. 그럼에도 통신장벽이 온몸의 브레이크를 잡듯, 잠을 자려 하면 막막함이 올라온다.

두려움은 더욱 부지런함을 가져다준다. 발끝에 더 힘을 주며 속도감이 더 빠르게 움직인다. 불안함은 무조건 걷는 것이 큰 위안이 된다는 걸 며칠간 지내며 알았다. 자연 속에서 돌같이 굳어진 마음도 풀어낸다. 불안이 키워낸 병을 발끝으로 길에 뿌리자 마음 먹는다. 발끝에서 흙내를 느낄 사이 없이 모터를 달 듯 움직인다. 오롯이 지구에 안착할 수 있는 유일한 무기이듯 전화기를 살려야 한다는 욕망뿐이다. 걷다가도 숨이 탁탁 막히는, 눈에 보이지 않는 유리막이 사라지지 않고 지속적으로 괴롭힌다. 머릿속을 비우려 한다. 하늘을 보며 아름다움으로 가슴을 적시고, 의도적으로라도 스페인 이국적인 풍광에 감복하며 손으로 잡을 듯 가까운 구름 위에 올라타고 싶다는 욕구도 가져보는 순간, 절실하게 집이 그립다. 울컥 올라온다. 어느덧 갇힌 듯해 캄캄하다. 연락 통로가 막힌 현실이 떠오르며 언덕을 오르는 발길이 무겁다. 어려움을 이기려 뛰어본다. 살이 떨리는 힘겨움으로 이겨내려 두 손 두 발의 근육을 당긴다. 팽팽한 근육만큼 감정을 잡아본다. 이곳에서 쓰러지면 끝나겠구나 싶다. 누구와도 연락이 안 된다.

머릿속으로 헤아려 본다. 할 이야기는 다 하고 왔다는 생각에 안도가 되면서도 서럽다. 왜 이리 서럽고 외로운가 모르겠다. 언제나 외로움은 있었는데, 인간은 상황마다 외로움을 느끼는 것 아닌가 싶은데, 지금의 외로움은 무엇인지 모르게 아프다. 죽음의 준비가 다 되었어도, 원 없이 살았어도, 보고 싶은 사람들이 있다는 것은 아직 내려놓지 못한 나의 모습이다. 건방진 소리였다. 사랑하는 사람들 속에서 죽어가고 싶은 욕구 또한 사람에 대한 미련이 많은 것이다. 외롭다는 것은 살아 있음의 증거이다. 또한 살 수 있다는 증거이기도 하다. 그동안 어찌 살아왔을까를 다시 한 번 깨닫는다.

몇 년간 공황 쇼크를 수없이 오롯이 혼자 겪어왔다. 코밑까지 숨이 막혀오는 순간엔 이성은 없다. 다만 죽음을 면하려고 온갖 용을 쓰는 버둥거림이 있을 뿐이었다. 아무도 도울 수 없는 죽음과 삶의 경계선상에서 살아야 하는 4년의 세월이 아팠다. 눈물이 흐를 수 없는 절실함이 떠오르며 추위가 사르르 돈다.

그래도 아직 살아있다. 꿈으로만 가졌던 만큼 광활한 평야를 걷는 이 시간 가슴이 먹먹하다. 겉으로는 멀쩡하여 환자 같지 않은, 혼자만의 두려움을 갖고 살았던 순간을 잘 버티어 왔음에 이 순간이 있다. 살며시 스틱 잡고 있는 손으로 나를 안아 본다. 바람도 안긴다.

깊숙이 관여된 기계들의 노예로 꼼짝 못하는 정신을 스스로 풀려나려 애쓴다. 사지가 묶인듯 갇혀있다고 힘들어했다. 산티아고에선 광활한 대지에 마음껏 숨쉴 것을 기대했다. 예기치않게 통신두절이 정신을 가두려 한다. 감정을 확 풀어 놓고 싶지만 불안감이 사라지지 않는다.

내일도 걸어야 할 길은 있다. 인간으로 살아가야 할 길 속에서 얼마쯤 와 있을까? 모르지만 값지게 보내고 싶어 이곳을 걷는 중이다.

'숙식은 어디에서 하지?' '점심을 먹을 수나 있을까?' '화장실은?' 간식은 요구르트 2개와 사과 하나로 하자. 지금 내 어깨에 매달고 다니는 무게도 나에겐 버겁다. 더이상의 무게는 어깨가 감당하기 쉽지 않다. 그렇잖아도 밤마다 통증에 시달리는 고통보다 곁에 사람들에게 피해가 될까 봐 조바심을 내며 잠을 청한다. 어느 정도 거리인지 알아야 사과 하나라도 더 준비를 한다. 다음날 걸어야 할 거리만큼 중요한 것이 없다. 이리 내일을 꼼꼼히 살았던가 싶다. 그저 걷는 것만이 있는 것이 아니다. 얼마까지 내 몸이 이겨낼 수 있을까 점검하면서 다음날 거리를 잡아야 한다. 막힌 정보로는 앞길을 모른다. 앞길이 막막할 때 사는 것이 힘들다고 생각했던 것 같다. 지금 걷는 길은 살아온 길보다 낫다. 한데, 왜 이리 불안한 걸까? 낯선 외국이라서? 아마 어떤 문제가 발생해도 도움을 받을 수 없는 곳이라 더 조급하게 만든다. 가는 길은 걷기만 하면 된다. 삶이 그래 왔듯이 힘들면 쉬면 된다. 하지만 맨바닥에, 흙탕물 가득한 곳 어디에 주저앉지 못하는 나에겐 도착해서 쉬어야 하는 강박과 더러움의 강박이 발가락의 피멍을 감내한다. 도착해서 스페인에서의 여유를 갖는 나만의 와인 천국인 파티를 꿈꾼다. 하루를 무사히 보낸 나를 축하해주는 와인의 달콤함과 적절한 떫은맛을 상상한다.

지금은 야고보가 걸었던 순례의 길을 찾아야 하는 생각이 먼저 앞선다. 야고보 발걸음 너머에 내 발을 옮겨 놓기보다, 발걸음을 더해지고 더해진 그 지친 틈에서 새어 나오는 이야기를 보고 느끼고 싶다. 많은 시간 동안 쌓여진 야고보 그림자의 선선함 안에 들고 싶다. 그려지지 않던 육체와 정신이 하나가 되는 순간들이 지금 아픔 가까이 있음일까? 맑아지는 정신으로 뻗어가는 발꿈치부터 발가락 무릎 어깨까지의 혈관이 만져진다. 열기가 나면서 새살이 돋는 듯 발끝 움직임이 자유로워진다.

수많은 시간들 속에서 나의 삶은 통신으로 연결된 시간이다. 가족과 친구들과 많은 사람들과의 만남에는 통신이 절반 이상을 차지한다. 어느덧 혼자만으로 이루어낸 것이 아니듯, 기계가 가진 힘을 충분히 누리는 것 너머 이미 노예화 되어 있음이다. 통하지 않는 전화기를 앞주머니에 넣고 보물처럼 시시때때로 만지며 걷는다. 나의 전부가 흔들림으로 드러난다. 누군가와 소통을 통해 끊임없이 숨을 쉬려 한다. 무엇이 문제인지도 모른 채 답답해 했다. 미련도 아쉬움도 없다던 나에겐, 어느덧 사랑하는 사람들 곁에 그리움이 있다.

힘든 시간이지만. 아름다운 자연이 몸으로 흐르고 땅으로 내려지는 순환의 시간을 느끼는 순간 터질 것 같은 감동에 지탱해 온 발길이다. 그것만큼 살아있음을 느끼게 하는 희열감을 준다. 체력적으로나 능력으로나 부족하다. 그 능력 너머를 이루고자 했던 그동안의 삶이 이곳에서도 벗어나지 못하고 버릇이 되어 있다. 체력 너머를 이루고 나면 내일이 후회 없을 것 같은 흡족함에 잠이 잘 온다.

어릴 적부터 어린 마음에 내일까지는 살까라는 불안한 체력으로 지탱해 왔다. 나이 들면서 더욱 후회 없이 살고 싶었다. 사람이 좋았다. 특히 따듯하고 훌륭한 사람다움이란 뭘까? 에 관심이 많았다. 아마 그래서 책이 좋았나 보다. 언제나 새로움을 깨닫고 싶었고, 어린 마음에 깨달음답게 살고 싶다는 열망이 많았다. 현실을 모르는 철없는 마음이 꾸준한 바람으로 지내다 보니, 진지함이 트레이드마크가 되었다. 나이 들어도 진지함을 떨어내기도 쉽지 않다. 그래서인지 재미있고 웃음 많은 따듯한 사람이 좋다. 닮을 수 없는 꿈이지만, 실제 코미디를 즐길 수 없는 사람에게도 길가에 즐비한 꽃들이 훈훈하게 걷는 내내 웃음을 준다. 울다가도 웃는 유일한 길이 펼쳐져 있다. 순례길만이 허락해 주는 희극적 길이다.

몇 킬로미터에서 쉴 수 있을지, 몇 킬로미터쯤에 점심을 먹어야 할지를 계산해야 한다. 무거운 가방을 내려놓기도 힘들지만, 올려 매는 것도 한쪽 팔을 못 쓰는 방랑자에겐 버겁다. 외부와 소통은 안 되지만 배터리 충전만 성실히 해왔기에 전화기 시계는 돌아간다.

손목에 차고 온 시계는 고장이 나 가방 속에 묻혀 있는데 그나마 다행이다. 걱정했던 것보다 거리 측정이 안 되는 거리를 막무가내로 잘해왔다. 부딪히면 될 것임에도, 불안함에 지나는 사람만 있으면 누군가에 묻는다. 개인적인 일엔 소심하고 공적인 일엔 적극적인 나로서는 어쩔 수 없는 힘겨움의 연속일 수밖에 없다. 외로우면 외로움을 느낄수록 자연이 더 눈에 쏙쏙 들어온다. 어릴 적 길가에 풀들을 하나하나 건드려주며 손에 닿기도 아까운, 따스한 마음으로 감싸주었다. 언제나 들꽃을 만나볼 수 있기를 바라던 마음이 살아난다. 눈이 내리기 시작하더니 빗방울로 바뀌어 나뒹군다.

어쩐다. 통신 연결을 하기 위해 전화기 시스템 접촉이 이루어져야 한다. 누군가에게 부탁해야 한다. 아마 쉽게 가르쳐 주리라는 걸 알지만, 미안한 마음이 먼저 앞선다. 도움 준다는 말도 조심스럽다. '줄까?' 라고 물어야 한다. 이곳에 온 자체가 스스로를 시험하는 순례의 길이다.

한 발 한 발이 주는 의미는 소중한 몸의 움직임이다. 그렇게 많은 시간 속에서 움직임 하나까지 생각할 겨를 없이 내가 움직인다고 생각했다. 진정하게 나의 몸 전체를 제대로 봐 준 적도, 인정해주지도 못했다. 어디가 아파야 그곳이 왜 아픈지, 그저 아픈 게 힘들어 빨리 고치고 싶은 마음뿐이었다. 왜 나만 이리 아픈가? 나도 남들처럼 아픔을 모르고 편하게 누우면 잠을 잘 수 있는 복이 있으면 얼마나 좋을까? 난 얼마나 전생에 잘못 살았으면 평생 아픔이 연달아 있을까? 고통 없이 살 수 없는 것일까? 원망스런 생각을 스스로 밤이면 했던 것 같다. 내 자신과도 소통이 제대로 이루어지지 않아 발버둥쳤다.

먼 타국에서의 힘듦은 그리움 너머 단절의 두려움이 더 큰 고통 속으로 몰아넣는다. 이것이 두려움이구나. 이것이 아픔이구나. 느끼는 순간 숨이 막히는 울음이 솟구친다. 그동안은 살만 했었다. 나만 죽을 것 같이 힘들었다고만 생각했다.

침낭 속에 푹 들어가 누우면서 온몸에 소름이 돋는다. 모르는 사람 속에 매일매일 처음 접하는 낯선 길. 매일이 새로운 만남의 세계 속에서 익숙함으로 뛰어넘지 못한다면, 이곳이 아마도 저승길이 되겠다는 생각에 번쩍 힘을 낸다. 아직은 내일이 있다.

그래 그랬구나

자유를 꿈꾸는 발가락의 감정을 무시한 채 밴드로 칭칭 감아 양말을 신는다. 벌건 감정이 부풀어 올랐건만 눌러야 한다. 걷는 것이 답이다. 빨강 운동화는 활기차게 발길을 옮긴다. 온통 포도밭과 올리브 나무가 즐비한 길들을 거친다. 비 그친 날이 아름답다.

나헤르까지 가는 길엔 그래도 여유 있게 걷는다. 뒤에 오는 은지 씨는 버거워한다. 뒤에 오는 사람들을 기다려도 본다. 기다림이 오히려 지친다. 기다림보다 걷는 것이 오히려 낫다.

부활절기간이라 유럽 사람들이 단기간 걷는 분들이 많다. 어제는 그래도 평이 좋은 알베르기에 들어갔다. 여태까지의 숙소보다 차원이 다른 숙소에 환호를 했다. 동행하게 된 한국 아줌마와 우린 너무 행복해 하며 짐을 풀고 피곤해 일찍 누웠다. 돔 형식으로 둘러진 침대 배치에 놀라고 깔끔함에 놀라고 특히 이층 침대가 아님에 행복감을 가진다. 순례자가 몇 사람 없이 17인실 정도에 늦게 들어온 3인을 포함해 순례자 7인뿐이었다. 느긋하게 잠을 자는데 이딘가에서 가파른 호흡에 선잠조차 잘 수가 없다. 머릿속에선 용납할 수 없음에 화가 치민다. 사랑 놀음하는 것으로 보기엔 나이 든 남자와 젊은 여자가 끊임없이 마약을 들이마시며, 코로 흡입하며 섹스를 한다. 태어나 처음 접하는 상황에 머리가 어지럽다.

유럽에서 어떤 법이 있지? 머리를 굴려본다. 어떻게 해야 할까 고민을 해 봐도 답이 없다. 스페인 법으로는 규제 대상이 아니다. 그래도 저것들을 어떻게 쫓아낼 수 있을지를 궁리를 해본다. 그러다 곁에 일본인 여자 젊은이가 있는데 어쩌지 하는 걱정에 잠을 잘 수가 없다. 신고를 하면 스페인은 마약을 불법이 아니라 도움이 안 되겠지? 그렇게 고민하던 차에 꿈틀대며 젊은 친구가 화장실을 간다. 얼른 돌아오는 친구에게 소리를 지른다. 영어로 말을 했는지, 한국말로 했는지 모르겠지만, 얼른 내 곁에 빈 침대로 오라고 소리 지른다. 놀란 친구는 "왜요?" 한국말을 한다. "어머! 한국인이셨나요?" 묻고는 "괜찮아요?" 안부를 물으니 귀마개를 하고 자서 모른단다. 다행이라고 말하고 곁에 재웠다. 나 혼자 수많은 갈등과 걱정뿐이었다. 살아온 대로 이곳에서도 혼자 너무 많은 걱정을 한 것이다. 용납하기 싫은 그 스페인 두 남녀에게 화가 난다. 아침에 두 남녀는 아무 일 없이 인사하는데 얼굴을 돌렸다.

요란한 하룻밤을 보내고는 아무 일 없는 듯 걷는다. 뒤를 한없이 바라본다. 사람들이 보이지 않는다. 어젯밤 걱정하게 만든 일본 여성인 줄 착각하게 만든 젊은 아가씨 한의사도 보이지 않는다. 오늘따라 지나치는 사람들도 없다. 부활절 기간이 끝나 다 돌아간 모양이다. 빈 시간을 보내기가 무섭다. 뒤처진다고 생각이 든다. 언제부턴지 모른다. 부지런해야 살아갈 수 있다고 배워온 세대다. 난 남들과 다르다고 생각해 왔다. 그나마 혼자 놀 줄도 알고 쉴 줄도 안다. 다양한 취미도 가지고 있다. 다부지게 내 시간을 잘 보낸다고 자부해 왔다. 아마 산티아고에 오지 않았다면 몰랐겠다.

하루 이틀 걷고 걸으며 시간을 온통 걷는 것에 쏟아 부은 시간들 속에, 잠시 쉬어가야 할 시간이면 외롭다. 철저히 혼자임을 사람들 속에서 느낀다. 외국인들뿐 아니라 한국인들도 있지만 각자 쉰다. 겉으로는 걷는 것이 전부이지만 각자 숭고한 마음을 가지고 있을 뿐이다.

특별하게 보이는 시골이 아니다. 우리네 시골처럼 어르신 분들만 보이지만 따스한 온기가 풍긴다. 주변 마을을 산책하며 혼자만의 역사 탐색을 한답시고 털레털레 고무신 같은 크록스 샌들을 신고 구석구석 돌아다닌다. 외국인들이 보면 아마 작은 동양인의 신기한 모습으로 보이는지 힐끗힐끗 본다. 그래도 아무렇지 않게 작은 동네일수록 꼼꼼히 눈 사진을 찍는다. 또다시 올 수 없는 곳이기에 한 곳도 지나칠 수가 없다는 마음이라 점프할 수가 없다.

평소엔 혼자 잘 놀았다. 이곳에서 내일을 위해 빈 시간이면, 모두가 누워 자든가 뒹굴뒹굴한다. 난 뒹굴뒹굴은 할 수도 없고 낮잠도 못 잔다. 내 스스로가 안타까운 생각이 들어 서글프다. 밖을 돌고 돌아온 뒤엔 곁에 누워 있는 남자 외국인 보기가 멋쩍다. 침대가 붙어 있어 숨소리까지 들리는 거리에 있다는 것이 아직도 적응하기엔 쉽지 않다. 밤마다 코골이 괴롭힘에 못잔 잠을 낮잠으로라도 자 둔다면 내일이 더 수월할 텐데, 낮잠을 잘 시도도 못한다. 온몸이 뒤틀린다. 곁에 있는 사람들은 그저 길 위에서 만난 아무 연관 없는 사람들이다. 항상 보아 왔던 주변 사람들이 고마워진다.

이 길 위에서 나의 모습들은 변화무쌍하다. 빠르기도 느리기도 언덕 앞에 서면 달리기 선수가 된다. 밀린 숙제를 놓아둔 생각에 빨리 올라가야 마음이 편해진다. 숨이 안 가쁘다.

언덕 앞에서 쉴 땐 오히려 힘이 든다. 저 언덕을 넘어서 쉬어야 하는데 하는 조바심이 컸다. 저 언덕 너머에 무엇이 있는지도 참으로 궁금하다. 하지만 곁에 동반하는 분이 천천히 호흡을 가다듬어 가며 걷는다. 기다려 줘야 한다. 순간 먼저 가겠노라고 말하고 가도 아무 상관없다. 오지랖이다. 서 있는 내 모습에서 애처로움이 솟는다. 누가 뭐라 하지도 않는다. 고마워 할 일도 아니다. 무엇 때문에 걱정스럽게 기다리는지 몸에 밴 행동 자체를 스스로 본다. 스스로 짊어지고서야 편해지는 습관이다. 상대가 원하는 행동만이 도움인 것을 늦게 깨닫는 바보가 또 발동된 순간이다.

누구에게도 도움 받을 수 없다는 생각에 꼼꼼하게 체크한다. 살면서 기댈 누군가가 절실히 필요한 때가 많았다. 그건 꿈이다. 아이들에게도 좋은 엄마가 되고 싶고, 좋은 며느리, 괜찮은 부인보다 책임을 다하는 사람이 되고자 했던 것 같다. 지금 걷고 있는 이 거리에서는 책임이 없다. 나만이 있다. 가볍다.

몸이 약하여 누우면 땅속으로 파고드는 힘겨움이 계속되었던 과거의 나를 떠올린다. 하루 이틀도 아닌 상황에서 연약한 모습이 싫었다. 왜 난 이렇게 태어났을까 원망스러움을 품고 살아왔다. 보태어진 시집살이가 삶의 피폐함을 가져다준다. 체력의 한계와 능력의 한계를 느낄 때면 내일이 사라질 것 같아 조급하게 사람에게 주는 좋은 일을 찾는다. 그러다 답답한 마음을 어떻게 다스리면 될까? 하며 답을 찾아 헤매다보니 살아 온 이유로 서 있다.

누군가 절실한 사람들이 나보다 더 절실하여 보인다. 뒤돌아 안 봐 주어도 서운하지 않다. 절실함을 보게 되는 순간 막막함에 숨을 쉬지 못하게 된 지금, 사람이 있다. 사람이 감사할 일이다.

조그마한 마을을 거닐며 조그만 내 모습이 거울에 비친다. 순간 아름답다. 기특하다. 욕심 없는 내 발길이, 화장기 하나 없는 내 모습이 그대로 보인다. 덧칠하지 않은 역사의 현장에 눈으로 보고 마음으로 본다. 그 현장에 나 또한 마음으로 나를 본다. 가톨릭 문화가 짙게 배어 있지만 이슬람 문화가 어우러진 마을마다 자금자금하다.

바람에 맞다

자연 속에서 그저 걷기 시작한 지 벌써 열하고도 하루째다. 순수한 자연과의 맞대면은 처음이다. 부딪침의 연속일 뿐이다. 한쪽 다리 틀어짐은 무너짐이다. 온몸을 지탱할 수 있게 양다리 근육 모두 일어선다. 부실한 발가락을 감싸안은 빨강 운동화는 쭈빗 선다. 이내 독특한 빨강색으로 과감히 바람을 타고 올랐다 휘청이며 내린다. 혼자라는 외로움이 바람과 하나 되어 집어들었던 스틱마저 휘청인다. 시련이 따른다. 자연스럽게 받아들임이 익숙지 않은 만남이지만 온힘을 다해 바람과 같은 선상에 있으려 애쓴다. 그건 나의 오만임을 가르쳐주는 자연에 고개 숙인다. 그동안 자연 속에 살았으면서도 자연을 모르고 오만의 시간을 살아왔다. 땅과 하나 되려는 오만, 하늘과 나란히 걸으려는 오만을 그대로 시련으로 고개를 수그린다. 자연의 도움을 받아 자연을 이기려는 오만까지 참으로 인간의 무력함이다.

명마의 순백함에는 질주의 본능을 동반하듯 바람의 본능을 몸으로 부딪치는 하루였다. 그동안의 걷던 길 중에 단거리라는 생각에, 피크닉을 떠나듯 하루를 시작하며 걸었다. 삼십 분을 걷다 보니 어느 사이 팔과 다리의 힘줄이 조여져 간다. 스틱을 땅속 깊이 내리박지 않음 넘어질 상황으로 치닫기 시작하면서 벌어지는 자연과의 사투는 시작이다.

바람은 달리고 나는 걷는다. 같은 길에서 마주보고 달리고 걷는 속엔 누구의 방해라도 할 수 없다고 생각했다. 나는 나의 갈 길이기에 그대로 걷고 있을 뿐이었다. 하지만 비집고 낄 틈을 주지 않았다. 헤집고 나와야만 갈 수가 있다. 가야만 하는 길을 주저앉을 수도 없다. 버겁게 질주만을 고집하는 것에 순순히 내어준다면 바람에 흡수될 뿐이다. 인간이기를 저버릴 수 없는 상황에서 치열하게 헤집고 한 걸음 한 걸음 내디딘다. 흐물대는 온몸으로 땅을 짚고 버티기를 수없이 해대는 사이 우박 같은 빗방울이 눈앞을 가로막는다. 순전히 순박한 자연의 민낯을 보게 되어 반갑기도 하고 버겁기도 하다. 끊임없이 덧대어진 세월 속에 익숙한 내 모습과 달리, 참으로 순박한 청년의 명마답게 뛰어다니는 것이 나의 온 신경을 긴장시키지만 좋다. 스텀프 소리를 내듯, 발을 구르며 춤추듯 대지를 깨운다. 도돌이표를 돌듯 반복되어지는 리듬이다.

벌건 태양 속에서 벌어지는 전투를 연상시키는 나의 사투는 사지 마디마디가 삐걱대었다. 나이가 주는 힘겨움에 인간이 가진 오만을 조롱하듯 살 떨리는 한 뼘 발자국 옮김이 이리 흐르지 않는 피를 불러낸다.

어느덧 화가 난 듯 거칠어진 바람의 노래가 불러지고, 허물어지는 내 모습은 저 멀리 누군가를 불러대고 싶어지는 아찔한 순간이 다가왔다. 하지만 아무도 없다. 언제나 혼자다. 인간은 혼자임에 분명함을 대자연 앞에서 절실히 느끼고 구십 도 고개를 숙인다.

이미 선택되어진 길을 걷는다. 하지만 헤매는 것이다. 현실은 선택 하는 것만으로도 그저 힘들고 고되다. 선택의 갈림길에서 끊임없이 고민한다. 단순히 도움이 될 수 있다는 간단명료한 생각으로 NGO대표를 맡았다. 맡고 보니 부족한 지식이 부끄러웠다. 페미니즘과 여성학의 무지에 인권 역사까지 모름이 주는 불편함이 소심함을 동반했다. 밤마다 책자와 논문을 뒤적이며 배운 것은 실제에 다가가기란 온도 차이가 있었다. 그러던 중 공무원 성폭력이 터졌다.

앞서서 기자회견과 1인 시위 등으로 강력하게 어필하여야 한다. 하지만 삐죽삐죽 뒤로 물러서고 싶은 부끄러움이 온몸을 얼게 한다. 분명히 잘못된 사회 풍조에 경종을 울려야 하는 시점이다. 당당히 앞으로 나서야 하는 법적 근거를 마련되어 있지만 권력에 무너지는 여성의 무력함을 말해 주어야 한다. 더 이상 피해자들이 없어야 함을 강력하게 대변할 정의로움은 불탄다. 사회의 인식은 권력자들의 말과 힘에 기울어지고 있다. 답답하고 속이 상하면서도 무력한 힘과 부족한 경험이 발만 동동대는 꼴이다. 오랜 기간 장애성폭력 상담소를 이끄는 홍 소장과 여성 단체가 힘을 합쳐 대처하지 않았다면 할 수가 없다. 명확히 밀어붙일 대처 방안을 마련할 용기조차 없이 그저 따라가기에 바빴다. 일주일 고민으로 뛰어들기엔 너무 큰 일이 많았다. 요란하다 싶게 앞장서야 하지만 요란하다 말 들을까 걱정되는 꼴로 지냈다. 모두가 피해자라 말한다. 사리 판단을 제대로 하여 신중하게 움직여해야 한다.

매일매일 옳은 일인가 노심소사하며 걸었다. 인권에 결코 호의적이지 않던 사회에서 선배 운동가들에게 고개 숙여졌다. 너무 편하게 살아온 것이 죄스럽게 생각 들었다. "피해 여성들이 울고 있어요!" "가해자들은 떳떳이 사회생활을 하고 있는데, 피해자들은 책상 밑에서 못 나오고 있어요." 관심 없이 지나가는 시민들에게 관심 가져 주길 원하며 소리쳐야 한다. 소심함에서 벗어나 용기가 생기는 순간, 글을 쓴다는 것이 사치로 느껴졌다.

지금 이곳에서 주어진 길은 그저 노란 화살표와 조가비를 찾을 뿐이다. 그것조차도 헤매는 우매한 인간이, 보이지 않는 길을 살고 있는 것이니 헤매는 것은 당연지사다. 실수가 당연한 것임에도 실수를 용납하지 못하는 삶을 추구한다. 무엇을 위한 길인가도 생각지 못하고 그저 현실의 추구함에 모두가 집중할 뿐이다. 뒤처지는 삶은 모자라는 인간 취급으로 두려운 것이다. 그렇게 지내온 시간들은 앞으로 달리는 바람의 길을 추구했다. 바람도 아닌 것이 말이다. 헤치고 앞으로 나아가다 어느덧 헤집는 상황까지 나아가는 스페인 시골에서의 나의 행동에 핏발이 서는 살갗은 아프다. 바람의 무자비한 전투에 맞섰다고 생각했다. 하지만 그건 오만이 부른 성급한 결론이었다. 바람에 내가 수그려 헤집고 오듯 힘 잃은 바람엔 과감하게 해치는 가해자가 되었다. 자연도 인간도 같이 공존하면서도 따로 가고 있을 뿐이다. 서로 이해하지 못하면서 공존하는 인간과 다를 바 없지 않다.

서울에서 왔다는 젊은 한의사인 은지 씨와 걷는다. 걸음에 자신이 없어 언제나 뒤처져 왔는데, 오늘은 힘을 내어 나와 보조를 맞추려 애를 쓴다. 예쁘기만 하다. 자신이 배우고 펼칠 인술에 대한 고민뿐 아니라 인권에 대해서도 생각이 깊다. 내가 인권 운동에 한 자리를 차지한 사람이 아니라 미안하다. 단지 여성인권에 신경 쓰고 조그마하게 도움 주려 노력했을 뿐이었음이 반성되는 시간이다. 이곳에선 특히 젊은 친구들이 대다수이다. 그들도 힘든 과정의 연속이다.

은지씨와 난 앞서거니 뒤서거니 바람에 통째 털린 안주머니를 내보이듯, 너덜너덜해지는 체력을 지나가는 트럭의 클랙슨으로 에너지의 버튼을 누르듯 착한 아저씨들 '엄지 척'에 마지막 힘을 낸다.

세 번째 이야기

하늘은 밝게 웃는데 비는 내리고, 땅은 넘쳐나는 빗물을 감당하기 힘든 상황까지는 아닌듯 그저 물줄기를 내려 보낸다. 자연스런 물줄기를 만들고 있다. 아름다움의 수용이란 것이 이런 것이구나 싶다.

새로움의 만남

생장에서부터 같이 순례길을 시작한 젊고 매력적인 친구 루나를 만났다. 나헤라에서 밤늦게까지 술을 마시곤 더욱 가까워진 친구다. 몇 명이 모여 순례길을 걷게 된 이야기와 한국인 특유의 각자의 소개와 품고 있는 화두를 슬쩍 비추는 정도만을 내놓는 시간이었다.

몇 번의 같은 숙소에서 머무른 뒤 자주 길에서 보게 된다. 멕시코에서 민박집을 경영하는 젊은 친구다. 스페인어를 배우러 갔다 너무 매력적인 멕시코에 머무르게 되었단다. 젊은 친구들의 고뇌를 내가 얼마나 알까마는 그냥 그대로 아름답다. 매력적인 여성이 매력적인 톤으로 스페인어 구사를 한다. 스페인어를 배우고 싶다. 걸음도 술도 보폭이 맞는 친구라 오랜만에 벨로라도에서 같이 어울렸다. 나이 든 봉사자분의 분위기 잡아주는 기타에 맞춰 흥겹게 놀았다. 식당 안에 외국인들의 박수에 몸 춤을 추는 나의 흥겨움은 나를 위로하기에 충분했다.

벨로라도는 작은 마을은 아니다. 라 리오하(La Rioja)지방에서 가스티야 이 레온(Castilla y Leon)지방으로 바뀌는 경계를 지난다. 스페인 북부 지역을 동에서 서로 관통하며 걷는 발걸음이었다. 우리나라에서 보기 드문 초원이 장관이다. 고불고불 다 왔다 싶은데 마을이 보이지 않는다. 그렇게 망막함을 주다 어느 순간 마을이 협곡 사이에 끼여 있는 것이, 스페인 마을의 특징인가 할 정도의 변화를 처음 느끼는 것 외엔 빗길을 걷느라 경계의 특징은 모르겠다.

열흘 간 문화의 적응기라면 지금부터는 자연과 나와의 적응기다. 산길을 헤매다 어느덧 내 인생의 혼란기를 본다. 체력이 약해도 밤을 새울 수 있었다. 운동을 안 해도 오기로 며칠간 쉬지 않고 일에 매진할 수 있었다. 쓰러졌다가도 링거로 때울 수 있었다. 하지만 중년이 된 지금은 오기로 자존심으로 버틸 수 있는 힘이 없다. 무엇으로든 임시방편도 안 되는 신체가 되었다. 또한 아무리 허약체질이라도 젊음이 있어 달리다 넘어지면 다시 일어나 달릴 수 있었다. 줄어드는 체력만큼 지혜로 채우고 싶었다. 그만큼 겪어야 얻어지는 지혜의 길을 걷고 있다. 아직 젊은이로 착각하는 게 문제이다.

쉽게 내려놓아지지 않는 배낭처럼, 쉽게 포기할 수도 없다. 당장 쓸 물건도 아니면서 혹시 필요할까 싶은 미련이 점점 불어나 어깨를 짓누른다. 어깨의 무게에 더불어 걸음을 보탠 발걸음엔 발의 통증이 온다.

누군가에게 말을 한다는 것은 알아달라든가, 자신의 버거움을 토로라도 하면서 답을 찾기라도 하려는 시도이다. 하지만 난 오롯이 혼자다. 아니 커다란 자연이 있다. 한데 밖으로 내놓질 못한다. 어깨의 통증에는 오래도록 지속되어 온 아픔을 도려내듯, 톱질된 순간부터 순응해야 하는 아픔이다. 하지만 새롭게 시작된 발가락과 뒤꿈치 통증은 온몸을 오싹하게 한다. 생각을 돌리기 위해 끊임없이 다른 생각을 한다. 지금 이 순간 누가 보고 싶은가를 생각해 보니, 마음 가는 사람들이 절실하게 보고 싶다. 가족과 친구들 사랑하는 사람들이 눈에 선하게 다가온다. 기도를 하고 싶다.

머릿속에 떠오르는 사람들이 하나 둘, 나에겐 소중한 사람들이다. 모두가 건강하고 원하는 대로 이루어졌으면 좋겠다. 울컥한 마음이 오르는 순간, 숨이 차다. 걸어야 한다. 그래야만 쉴 곳이 생길 것이다. 이곳은 작은 시골길이라 쉽지 않다. 그래도 살아야 하니 찾아야 한다. 세 시간 동안 쉴 곳이 없다. 비가 그치질 않는다. 어쩌다 촌집이 나와도 처마가 없다. 걸을 수밖에 없다. 발이 움직이는 만큼 난 아직 살아있는 고통이 같이한다.

평생 아팠다. 몸도 마음도 그것이 인생이겠지만 그저 혼자 아프다는 것이 서러웠다. 그저 누군가 알아준다는 것만으로도 위로받는다. 하지만 아주 가깝다 싶은 사람에게 말을 하게 될 때면, 피곤해 하는 순간 실수를 했다라는 후회를 했다. 어느 때는 속으로 쓰리게도 서운함을 이야기하던 때도 있었다. 이제 받아줄 수 있는 사람을 만난다는 것이 최고의 사람이며, 최고의 행운이란 생각을 할 만큼 그저 있는 그대로 받아줄 누군가가 그리웠다. 세상은 그렇지가 않다. 나는 들어줄 수 있을지언정, 그래도 상대는 준비되지 않는 현실이 있음을 이제야 깨닫는다. 누구나 힘들기에 좋은 이야기만을 원할 수밖에 없다. 많은 시간 시행착오 속에서 얻어진 경험들이다.

걸음은 점점 무거워진다. 그럴수록 스틱에 힘을 주어 앞으로 전진 한다. 몸의 리듬이 중요하다. 마음 따로 몸 따로는 앞으로 나아갈 수가 없다.

거대한 장정보다 비대해진 나의 잡념이다. 수없이 쏟아지는 생각들은 끊임없이 단순해지려 해도 머리 속은 산더미처럼 밀려드는 생각들이 채우려 애쓴다. '그저 걷자.'라는 생각으로 아무 생각 없이 머리를 비우려 물에 잠긴 나무들과 낙엽에 숨겨 있는 들꽃을 눈으로 찾는다.

우기답게 빗줄기의 속도가 발등을 누른다. 발의 무게가 지구의 무게로 감지한다. 숨을 고른다. 숨을 들이 마신다. 그리고 내품는다. 그동안 넘 고르지 못한 마음과 몸의 리듬을 찾기 위해 호흡을 고른다. 힘겹다 싶으면 숨이 가빠르다. 급하게 나를 달랜다. '괜찮아.'라고 계속 타이른다. 호흡을 정리하자. 내 자신이 날 다스리지도 못한 삶을 살았다고는 생각을 못했다. 오로지 순례의 길 위에서 나 자신이 아래에 있다. 바보였구나 싶다. 나를 발에서 머리로 끌어올려야 한다는 생각조차 못 했다. 사랑하는 법을 모르는 것만을 생각했다. 원인을 찾으려 애쓰기는커녕 아예 알지 못했던 나의 한계를 여실히 땅 위에 펼쳐진다. 발톱이 죽어가는 순간에 깨닫는다. 점점 통증은 이곳저곳에서 불쑥 올라온다. 하지만 멈출 수 있는 상태는 아니다 그래 머리부터 발까지 마음으로 훑어본다. 머리는 그런대로 맑다, 가슴이 왠지 답답해온다. 토닥여 본다. 가파르게 불안감이 떠오르는 순간 갑자기 멀쩡한 것이, 왜 어디가 막힌 듯하다. 호흡을 고르기 위해 심호흡한다. 괜찮아지면서 배 한쪽 구석이 묵직하다. 왜라고 생각하면서 내 몸이지만 짜증난다. 생각해 보니 화장실을 며칠 못 갔다. 그러고 보면 성질도 못되었다. 예민하게 잠도 쉽게 못 자고 화장실도 누군가의 조급한 발걸음 소리에도 볼일을 못 본다. 급하게 동동대는 친구들도 있다. 내가 가고 싶은 화장실도 내어주는 어리석음 뒤엔 고통이 따랐다. 정말 급하게 소식이 오는 것 외엔 배가 아파도 볼일을 못 보게 되는 성향이 난 참 싫다. 하지만 그러는 것이 나다. 거부해 봐야 안 되는걸 어쩌겠나. 내가 부모라면 바라보기가 얼마나 힘들까.

올라가는 언덕일 때는 힘을 모은다. 난 힘들 때면 기를 써서 빠른 시간에 해결하고픈 욕구가 강하다. 외면할 생각은 없다. 습관은 어쩔 수 없다. 온힘을 다한다. 그런 내가 난 좋다. 힘이 부치니 다른 방법을 쓴다. 복식호흡을 통해 머리끝부터 끌어올려 내는 에너지로 발걸음을 만든다. 우주를 내 안에 들이켠다. 그리고 구석구석 부서져 내린 삶의 찌꺼기를 내뱉듯 밖으로 토한다. 팔 다리가 힘든 만큼 머리는 가벼워지고 있다. 단순한 내 머리를 위해 몸을 희생하고 있는 격이다. 나의 몸에게 미안함을 절실히 느끼는 산티아고 순례길이다.

민낯의 나를 자연에 맡긴다. 적응하는 기간이 아닌 나의 민낯을 내가 보는 시간임을 이제야 안다. 새로운 나와의 데이트가 시작된 것이다.

아프다는 것, 힘들다는 것

부르고스에서 한적한 하룻밤을 지내고 오늘 31킬로미터를 걸어야 한다. 부르고스의 800미터 고원답게 천연의 요새를 자랑하듯, 복잡한 도시의 골목을 찾아 가는 길이 오히려 잘못된 정보가 아닐까 의심을 가졌던 게 어제이다.

유럽 중세 문화인 로마네스크 양식과 프랑스 건축이 어우러져 있고, 빨강 운동화와는 너무 어울리지 않는다. 왠지 불쑥 튀어나온 듯 어색한 발걸음이다. 너무 웅장한 건물로 화려한 도시의 건물로 이루어져 있지만 나를 잡아당기지는 않는 이유가 무엇일까? 고민을 해 보면서 주변을 살핀다.

이슬람 문화가 엿보이는 찬란한 역사를 보기 위해 부르고스 언덕 위 정상을 혼자 오른다. 몇 백 년 되어 보이는 아치문을 지나려

다 짹짹대는 소리에 머리 위를 올려다본다. 커다란 새집에 비둘기가 옹기종기 어미에게 밥을 얻어먹는 모습에 넋을 놓고 바라보는 여유도 가진다.

화려한 성당이 몇 개로 이어져 있는 기독교 도시에 맞게 죽기 전에, 가 봐야 할 곳으로 고딕 양식으로 유명한 대성당 찾아들어야 한다. 기도라도 하고 싶다. 구겨 넣을 틈조차 허락지 않게 발이 부어올랐지만 슬리퍼로 들어가기엔 불경스럽지 않나 싶다. 함부로 소리를 낼 수 없는 위엄이 흐르는 도시, 주변이라도 어슬렁어슬렁 절룩이며 흥망의 도시 '성 아래의 도시 요새'의 흔적을 느끼며 부끄러움을 감싸 안고 분홍 슬리퍼로 걸어본다.

서울에서 오신 중년 사장님과 독일 친구 프랭크가 다음 목적지를 묻기에 당당히 혼타나스까지 걷는다고 말했다. 걷기 전에 오금이 저리는 아픔을 온몸으로 느끼며 가방을 둘러멘다. 어제의 기억이 오늘의 발걸음을 두렵게 한다. 그래도 걸어야 한다. 누구도 걸어주지 않을 것이다. 내가 가야 하는 길이고 내가 선택한 길을 걷는다. 아무도 권하지도 강요하지 않는 길을 살아왔다. 지금 이 길 또한 다른 사람들에겐 행복에 겨운 여유 있는 자로 보일 뿐이다.

복잡한 도시를 뚫고 나가야 한다. 초입부터 길 찾기에 바쁘다. 유럽의 도시 여행답게 골목과 골목으로 거쳐 외곽으로 빠지는 벽과 길바닥에 그려지기도 하고 붙여진 조그마한 조가비와 화살표를 찾아 따라가야 한다.

구면인 순례자와 만나 걷게 될 때면 이야기에 집중하는 사이 길을 잃는다. 사방을 둘러보아도 보이질 않는다. '어쩌지!' 속으로나마 외치다가 지나치는 차들이 배낭에 맨 조가비를 보며 순례자임을 눈치채고 손짓으로 길을 안내해 준다. '무차스 그라시아스!'를 반복해 감사 인사를 한다. 존중 받는 기분이 든다.

조가비를 확인하곤 교차점이 나오기 전까진 맘 놓고 걸어도 된다. 여유가 생기는 사이 통증이 올라오고 있다. 빨리 걸어야 한다. 속도를 내어야 감각을 잃을 수 있다. 감각을 잃을 때까지 같이 걷기 시작하는 분들과 주변 스페인 주민들과 스치는 모든 분들에게 웃으면서 인사를 한다. 초반에는 다시 시작하는 마음으로 에너지가 충만하다. 기분이 너무 좋다. 나만 보인다. '올라'라고 인사를 하는 동양 여자의 작은 모습에 놀라고, 키보다 커 보이는 배낭에 놀라고, 발걸음이 빠르다고 놀라워한다. 왠지 으쓱해진다. 작은 고추의 매운 맛을 보여주었다는 생각으로 미소가 지어진다.

비와 눈이 끊임없이 질척인다. 천근만근의 몸을 주체하기도 버거웠던 어제였건만 육체의 고통을 이겨낸 내 정신은 살아 움직인다. 절룩이며 걷는다. 아차! 하는 순간에 충격으로 온다. 발톱이 빠질 지경이 되니 알겠다. 시퍼렇게 멍들어서야 아프다. 속도가 빠를수록 통증이 넘쳐나 감각을 잃는다. 그대로 참아낼 수 있다고 반복해

K2
K2

스스로에게 단어를 입력하듯 되뇐다.

길 위에서 가랑비와 함께 흥건하게 퍼지는 울컥함이다. 왜 울어야 하는지는 모른다. 왠지 모르지만 슬프다. 무엇 때문인지도 모른 체 슬프다니, 마음을 어찌할 바 몰라 빠른 걸음으로 걷는다.

아름답게만 보였던 풍광이 가시밭길로 펼쳐 있다. 참아낼 수 없을 지경인데 발톱은 시커멓게 죽어 있다. 숙소에 도착해서야 상처를 바라봐야 한다. 지금은 만져 줄 수도 없다. 몸서리침이 이런가 싶을 만큼 오금이 저리다. 얼른 도착해서 물집에 바늘을 꽂아 넣으며 소름이 돋겠지만 내일을 위해 충분히 감내해야 한다. 알코올을 쏟아 부어 가라앉혔지만 매일 반복되는 작업이다. 벗어날 수 없는 지금 이 길이 남겨진 인생길에 한 부분이겠지. 도망 갈 수 없다. 버스로 이동하려는 다른 분들을 멍하니 바라본다. 누군가에게 투정이라도 부려 보고 싶다. 아무도 없다.

산티아고에서 발톱 네 개를 잃었다. 더 이상 잃을 게 없길 바라지만 그것은 꿈이다. 다시 발뒤꿈치에 피가 흐른다. 곁에 걷는 분들이 묻는다. 그렇게 어찌 걷느냐고, 하지만 '괜찮아요!' 충분히 참을 만하다고 말한다. 결코 괜찮지는 않다. 주저앉고 싶다. 피가 흐르는데 어찌 안아프겠나 "아파요!" 해도 되는 것을 안 아픈 척 괜찮은 척하고 있다.

밤새 울면서 버틴 적이 너무 많다. 닫힌 공간을 인식하는 순간 불규칙한 호흡의 시작이다. 답답함을 느끼면서 헐떡이는 숨은, 어둠에 발버둥치며 허공을 끌어댄다. 이성은 사라지고 오로지 숨을 쉬어야 한다. 아우성을 칠 능력도 없다. 관 뚜껑이 닫히는 순간이다.

가팔랐던 호흡이 극에 다 달았다. 얼마 만에 숨을 쉬는지 모르게 "살았다." 하는 순간에야 눈물이 흐른다. 이성이 돌아오면서 가지런하게 호흡을 찾는다. 안정된 호흡이 돌아와서야 혼자 겪어내는 것이 안쓰럽고 처절하다. 고통은 점점 짧아지고 있다. 그동안 잊었던 절절한 외로움이 아픔으로 보태진다. 지금도 괜찮다고 위장하려 한다. 스스로에게 병을 키워준 것이다. 아프다고, 힘들다고 스스로에게만이라도 보담아 주질 않았다. 아프다는 걸…….

한 발을 내 딛는 순간, 아찔하다. 여유 부릴 사이가 없이 턱 관절에 힘이 들어간다. 한 발 한발 내디딘다. 주변의 경치를 잊기에 충분한 긴장감이다.

부활절 기간 중에 걷는 어르신들이 씩씩하게 걸으신다. 몸이 무거우신 어르신 곁을 천천히 보조를 맞추어 드려 본다. 쌩긋하게 웃어주시며 '그라시아스' 감사하단 인사를 하신다. 그립다. 그동안 누렸던 모든 것이 푹신하고 따스한 느낌으로 떠오른다.

어릴 적 친정 엄마에게 인정받고자 했던 생각이 떠오른다. 무조건 꿈을 크게 꾸라고 배워 왔다. 작은 소망을 꾸는 사람은 능력이 없는 사람으로 말하던 시대를 살아왔다. 하지만 여자는 크게도 작게도 꿈을 묻지 않던 시대이다. 무엇을 할 수 있는가? 무엇을 할까? 생각할 겨를도 없이 그저 부모의 의견에 따라 움직이는 여자라는 이름을 가진 시대이다.

부모님 잘 만나 감성은 키웠다. 밤이면 하늘을 누비며 맘껏 자연이 되었다. 여자는 어쩔 수 없이 그저 시집을 잘 가야 최고의 목적을 이룬다고 친정어머니는 끊임없이 결혼을 원했던 시절이라 고민이 많았다. 그 시대는 미혼여자의 자립을 꿈도 꾸지 못한 시대이다. 자기의 선택권이 용인되지 않는 시대가 주는 갇힌 인식이 여자는 다소곳해야 된다는 것, 여자가 해야 되는 것은 요것, 저것 조목조목 줄줄이 붙었던 꼬리표가 있다. 그 못지않게 금기어처럼 하지 말아야 할 것도 많다.

당시엔 여자가 싫었다. 마음껏 돌아다닐 수도 없고, 무엇이든 '여자'가 껌 딱지처럼 붙는 것에 불끈불끈 일어나는 감정 그대로 엄마한테 대들었다. 화장도 치마도 싫었다. 하고 싶은 것은 마음대로 하는 오빠나 동생이 되고 싶었다. 치열하게 싸워 얻어야 하는 삶은 태어나서부터이다. 다행인지 하나의 상실감을 이겨 낼 때마다 얻어진 당당함이 지금의 나로 산티아고에 서 있다.

작은 인정으로 발걸음은 옮겨진다. 한 발부터 시작되듯, 작은 것이 하나로 뭉쳐진 것이 인생이듯 벌써 100킬로미터 넘게 걸어왔다. 내 자신 속속들이 들추어 본다. 부정하던 나의 모습들이 마음에 들기 시작한다. 작은 키부터 작고 옹기종기한 발가락까지 미어지는 안쓰러운 마음에서 한 발 앞선 기특함이 밀려온다. 행복하다.

어떤 생각도 않기로 한다. 아름다운 자연을 마음 안에 품으며 걷고 걸으면서 지나치는 사람들에게 반갑게 인사와 기도를 하기로 한다. 어느 순간 발의 감각은 잃는다. 그러고서야 다른 곳으로 돌렸던 생각을 바로 세우고 주변 경관을 본다. 힘겨움을 너머선 아름다운 꽃들의 반김에 미소를 짓는다. 힘들다는 것은 세상을 보는 지혜를 가져다준다.

사람은 사람이다

까리온(Carrion de los Condes)으로 가는 길이다. 빨강 운동화만큼 코끝이 시큰한 발가락은 삼백육십 킬로 넘으면서 인간이 극복할 수 없을 것 같은 통증이 왔음을 몸에 알린다. 하얀 바람의 입김이 붉은 바람으로 살갗에 와 닿는다. 발가락은 숨고르기 할 여유도 없이 발바닥을 디뎌대는 바람에 피멍 들어도 고개를 수그릴 뿐 참을 만은 하다. 펼쳐진 자연에 감복하는 나를 달래줘야 할 의무가 있는지 멈추지 않고 걷는다.

또 다른 걸림돌이 몰아쳐도 살아온 아픔이 이만큼보다는 덜하지 않았음을 더 깊이 인식한다. 지나온 아픔을 되새기며 살아오면서 혼자 아프고 서글펐던 일들이 밀려온다.

007작전이 있던 날이다. 경찰관 두 분을 동행 시켜준 남부 경찰서 과장님께 감사함을 절실히 느끼며 우리 선생님 한 분과 같이 서울 쉼터에서 내려오는 피해자 분을 만났다. 두려움에 눈동자는 사방을 훑는다. 얼마나 폭력을 당해 왔으면 남편이라는 사람을 그리 두려워할까 하는 생각에 미치면서 안쓰러운 마음에 등을 토닥여 준다. 40대 초반인 여성 분의 두 눈엔 파도가 친다.

울산 분인데 서울로 도망가 쉼터에 묵고 있으며 이혼 절차를 밟는 중이다. 하지만 가정 폭력 가해자들은 이혼을 용납 못 한다. 그러다보니 이혼 절차를 수월하게 진행할 수도 없지만 쉼터에서 도와주는 기간 중에 찾아내어 부인을 납치 감금하는 경우뿐만 아니라 살해 하는 경우도 있다. 특히 법원 출석 재판 중에 화단에 숨겨둔 흉기로 상해를 입혀 수십 차례 성형 수술을 한 경우가 비일비재하다.

사지가 묶여 있는 모양새다. 어찌 살아 왔는지를 알 만하기에 안쓰러움으로 눈물이 고인다. 하지만 겉으론 절대 표현할 수 없다. 편안하게 재판을 받을 수 있게 해야 한다는 생각에 사복 경찰 두 분에게 갈비뼈가 부러지고 코뼈가 부러졌던 여자의 사건 내용을 알려 줬다.

그런 사건 뒤의 나의 발걸음은 가볍지 않았다. 두 분 경찰 분들의 동행은 법적으로는 되어 있지만 쉽지 않다. 위험하다고 요청하면 다 출동할 수 없는 사정을 알면서 사건 터지길 바라는 게 경찰이냐고 언성을 높이기도 할 수밖에 없는 여건이다. 그럴 땐 피해자가 처한 현실의 절박함만이 보인다.

왜 이렇게 무서운 사건이 많을까. 여성이 숨을 쉬고 살 수 없는 이 시대가 싫다. 어떻게 하면 좋을까라는 고민과 내가 몰랐던 사회의 아픔을 알아 가면 갈수록 늪에 빠진 듯 사회의 아픔이 보이기 시작했다. 죽음이 이웃에 있다는 생각을 못 했다.

곳곳에서의 아픈 사회의 실상을 접하면서 밝았던 나의 모습은 생각이 많아지고 머리는 복잡해 갔다. 혼자만의 생각도 많아져 갔다. 목을 죄어 짜는 듯 답답한 세상만이 보였다. 어떻게 접근하여 풀어내야 할까라는 고민이 주어졌지만 답을 몰라 그저 헤매는 아둔함에 밤마다 꿈에 시달렸다. '웬 시를 쓴다고 복에 겨운 소리 하네.' 내 속에서 나를 놀리는 소리와 글을 쓰고 싶은 욕구의 부딪침이 시작된 것인 줄도 몰랐다. 그저 긴 숨이 '훅' 가슴에 박혔다. 나의 펜과 메모장은 침대 주변에 그대로 맴돌았다.

타향이라는 외로움과 곁에 사람이 있지만 없는 외로움을 인간은 누구나 갖는다. 나에게만 특별히 외롭다는 어린애 같은 생각을 하며 더 서글퍼 했던 것이 엊그제처럼 느껴지는 수십 년 동안 숙제이다. 중년이 되어 먼 이국땅에서의 순례자 동상 앞에 서서 포즈를 취하며, 든든한 마음이 내 안에서 우러나온다.

오늘 아침 일찍 수십 명이 잠을 자고 일어나는 알베르게에서 너도 나도 일찍 떠나기 위해, 한 사람이라도 잠을 방해 하지 않기 위해 보따리를 문 밖에 조용히 들고 나가 배낭을 싼다. 일사분란하게 이루어지는 수십 명, 수백 명이 있어도 숙소의 혼잡함을 느낄 수 없다. 남을 의식하면서 의식하지 않는 공동체적인 도미토리 숙소의 특징이다.

밤새 사방에서 코골이와 뒤척임이 생생히 느껴지는 보름간의 잠자리에 익숙하다. 모두가 준비해 온 마음들이기에, 나 또한 깊숙한 잠을 한 번도 못 자봤지만 결코 짜증나지 않는다. 다만 내일도 걷는 중이다.

자욱한 안개비는 아름답다. 빨강 운동화에 물기가 고이지만 않는다면 뭐든 마음이 편하다. 앞이 안 보이는 어두운 새벽길을 걷는 사람들의 모습에는 진지하다. 다시 시작하는 마음들로 용기를 갖는다. 빗발치는 아침을 맞이하는 날이 더 익숙한 나날들 계속이다. 오늘도 얼굴을 다 가리고, 장갑 위에 치과의사 친구가 챙겨준 수술용 장갑을 덧대어 끼곤 '그래, 완벽해.'라고 생각들만큼 꼼꼼히 챙겨서 걷는다.

산속 공기가 호흡 깊숙이 파고들면서 속 시원함을 느낀다. 산등선에 눈 위에 가랑비가 오락가락 사방은 숨차다. 모두가 '올라(Hola) 부엔 카미노(Buen Camino)'를 외친다. 안녕하세요, 즐거운 순례길 되시라고 인사를 하는 것이다. 빗물을 완전 봉쇄하려는 듯 모두가 단단히 준비하고 걷는다. 나 역시 판초, 장갑, 모자에, 빗물이 얼굴에 부딪침이 그저 반가움이다. 살아있음을 증명해 주는 빗방울이지만 빨강 운동화는 움츠린다. 평소대로 기운을 차리며 발가락 열 개는 힘이 들어가 있다. 발가락이 원상 복귀되었다는 것만도 행복하지만 빨강 운동화를 비닐로 완전 봉쇄해야 또 다른 돌출되는 발가락이 없다. 대자연이 파랗게 피어나는 건장한 청년을 연상시키는 초원이다. 각자의 자존심으로 지어진 스페인 역사는 곳곳에 묻어나 있다. 지나는 마을의 기울어져가는 빛의 아픔을 보여주는 세월의 흔적마저도 아름다움으로 다가왔다. 아마 지나는 행인의 눈길은 현실이 아니기에 느끼는 환상이리라.

순례로 걷는 이들에게 힘을 주는 동네 주민과 지나는 기사 분들의 클랙슨을 누르며 응원을 해 주는 분들까지, 발가락의 통증과 헉헉대는 어지러움까지 동반된 힘겨움이 날아간다. 하지만 산등성이로 걷고 있는 길이기에 걷기는 덜 피곤하지만 선물 같은 응원자는 없다. 쏠쏠한 에너지원이었다.

몇 킬로미터 넘어선 자연의 변화무쌍한 부딪침이 어떻게 다가올지 모르는 걸음걸이다. 점점 발 디딜 틈이 없어지고 있다. 고인 물은 점점 불어나고, 시간이 지나 진흙 속을 피해 물웅덩이를 피해 갈팡질팡 갈지자로 이리저리 옮겨 다니며, 요령을 피며 걷는다. 발을 내려놓을 자리를 찾아가며 적당한 자리를 밟았다가 진흙 흙탕물에 뒤집어쓴다. 양말까지 젖는 참사가 일어났다. 어느새 비는 사라지고 하얀 천지가 되어가고 있다. 눈발이 날리기 시작하면서 발길에는 미끄러움이 동반한다. 다리에 온 힘을 다해 디뎌야 한다. 미끄러질 수는 없다는 악바리 같은 심정으로 젖은 양말에 물기가 솟아나듯 뿌드득 빨강 운동화의 용쓰는 소리를 낸다. 스틱을 이용해 발의 힘을 보태기 위해 온 힘을 다해 땅을 짚는다. 하지만 눈과 비가 섞인 길에서 오직 약은 잔꾀만은 무너진다. 엉치의 통증이 시작되고 무릎보다 다리 근육 당김이 시작된다. 빗물이 점령하기 시작한 빨강 운동화는 침몰 위기다. 점점 조여 오는 추위와 아픔은 불안하게 한다. 아직 십 키로 미터가 남아 있다.

수풀 속에 비와 눈을 피해 숨어드는 새들을 눈길로 인사하고 눈속에 파묻힌 새싹들을 귀엽게 보며 미소를 짓지만 앞에 보이지 않는 동네가 아직도 컴컴한 미래이다. 집 한 채도 전혀 보이질 않는다. 눈에 보일 즈음이면 삼 킬로미터가 넘을 것인데 조급하다. '직진하는 거야.' '잘해 왔잖아!' 위로하면서 걷는다.

발을 보며 앞의 눈발을 외면한다. 손가락 끝에서 물이 떨어지며 눈가에 물기가 고인다. 상처가 더이상 덧나진 않겠지 라고 위안을 갖던 마음이 점점 불안으로 덮쳐온다. 마음의 불안이 더 위험함을 경험했으면서도 버릇이 되었다.

앞이 뿌옇게 무언가 보인다. 저곳이 아마도 쉴 수 있는 바가 있을 거야 하는 기대감에 발가락을 쭉쭉 뻗어내며 속도가 빨라진다. 도착하기로 한 곳 이전의 마을이다. '아! 아! 쉬고 싶다.' 하지만 짐을 다음 목적지까지 이미 보내 놓았다. 4킬로 넘는 짐만으로 걷는 데 필요한 짐일 뿐이다. 성하지 못한 어깨를 핑계로 동키(우리나라처럼 불편한 순례자들을 위한 유료 퀵서비스이다.)로 부치는 짐이 꼼짝 못 하게 걷게 만든다. 배낭 속에서 이불부터 생활할 모든 것이 들어 있다. 짐이 다른 곳에 가는 불상사도 가끔 있다. 짐이 없으면 갈아입을 옷보다 덮고 잘 이불이 없다. 낭패를 당할 수 있어 언제나 마음 편하게 부치진 않게 된다.

바에 도착하는 순간 다리 뒤 근육 당김이 심해진다. 먼저 도착한 한국인 아저씨를 반갑게 인사한다. 독한 위스키로 추위를 이기신다고 한다, 너무 반가워 나도 그 위스키를 마셔야겠다며 위스키 이름을 물어 주문해 마신다. 점심을 간단히 먹고는 일어서야 하는데 겁이 난다. 곁에 와 같이 식사하던 외국인 친구 프랭크는 천천히 걷겠단다. 너무 춥고 힘들단다. 코끝이 빨갛게 올라와 있다. 나의 운동화를 연상시키는 그는 독일에서 소시지 공장을 하는 친구다. 부러운 마음도 갖지 못하고 자연스럽게 헤어진다. 가야 하는 길이란 당연하다고 생각하고 걷는다. 사지의 흔들림이 이런 것인가? 엉덩이의 통증과 근육 당김이 왼쪽 다리를 마비시키듯 버겁다. 가야 하기에 딴 생각으로 마음을 돌린다. 하지만 앞은 하얗다. 거리를 알 수가 없다. 눈발이 나에게 앞길을 내어줄 수 없다는 듯이 길을 메우며 너무 열심히 달리는 듯하다. 눈발이 무섭게 너무 저돌적으로 달리는 야생마이다. 이겨야 한다는 생각에 발과 팔에 온 힘을 다한다. 발목까지 물이 차이고 추위가 엄습해 온다.

이곳에서 죽을 만큼 아픔은 아니라는 생각을 한다. 관 크기만큼의 앞뒤가 막혀 산소가 모자라 숨을 못 쉰 그동안의 아픔보다 낫다고 생각 든다.

피가 나고 발가락이 꺾이는 통증은 견딜 만하다. 뒤꿈치의 살이 찧고 찢어져 살점이 파이는 통증에 몸서리치면서 살아온 시간과 비교해 본다. 그저 힘들어도 힘들다 말 못하고 울지 못하던 시간들, 살기 버거워 버겁다 외치지 않고 그저 혼자 이겨내야 한다는 생각만 했던 내 안의 상처를 지금 이 순간 내놓는다. 아픈 것보다 울지 못한 것이 더 서글프다. 살 것만 같다.

추위와 함께 사지의 트임을 느끼면서 무엇일까 생각해 본다. '아프다.'가 아니라 '지금 쉬게 해 주세요.'도 아니고, '도착했어요.'이다. '따듯한 온수에 몸 담그게 해 주세요.', 절실함이 눈물보다 진하게 나를 감싼다. 한 발을 옮기기에 온 사지는 바르르 떤다. 긴장의 연속 속에서도 오르락내리락 언덕 위 하얀 눈발에 넋 놓아 잠시 바라보는 아름다움에 매료된다. 나도 모르게 감격에 겨워 극대화된 감정이 오르는 건 아마도 힘든 고통 속에서 얻어진 고독의 풀어짐이 만들어준 선물이다. 나를 위한 눈물이 고인다.

꼰데스성당에서 운영하는 알베르게에 도착했다. 성당 안에 들어서는 순간 수녀님이 반갑게 맞아 주신다. 한데 잠시만 기다리라고 하곤 자리를 뜨신 뒤 오지는 않는다. 오슬오슬 떨리는 온몸과 발 전체에 흐르는 저림은 더 심해져 가고 있다. 빨리 접수를 끝내고 침대 배정을 받아야 한다. 수녀님이 원망스러워져 가고 있다. 빨리 오길 절실하게 기다리지만 부스럭 소리도 안 난다. 내 뒤에 도착하는 순례자들도 없다. 전날 도착한 한국인 젊은 연인이 위에서 내려온다. 반가움에 인사를 나누며 위안을 받지만 추위는 뼈마디의 부딪침으로 입안에서 소리가 나기 시작한다. 다물어질 수 없는 순간은 10여 분이 지나도록 계속된다. 오늘도 나의 지원군인 딸과 희영이, 하영이 조카와 친구인 김봉화 교수가 카카오톡을 보내왔다. 덜덜 떨면서 기다리다 와이파이 주소를 찾아 메시지를 열어본다. 오늘도 목적지에 무사히 도착했다고 알리며 수녀님이 어디 가셨는지 안 온다며, 추워 죽겠다고 하소연이라도 하니 서러움이 가시는 듯 한 기분으로 버틴다. 20분 정도일 뿐인데 2시간이 흐름을 느낀다.

백사십여 명이 묵는 숙소에 8인 침대에 배정 되어 프랑스 할아버지를 다시 만났다. 며칠 전 숙소에서 같이 지내기도 하고, 길에서 반갑게 만났던 셰프 할아버지가 너무 반갑게 맞아 주신다. 손바닥을 치며 하이파이브를 한다. 불현듯 수녀님이 오더니 다시 옮기란다. 남자 여자 8인실 하나씩 있는데 이곳은 남자실이라고 한다. 여태껏

남, 여 구분 있는 숙소는 처음 접하였는데, 도착한 차례대로 배정하던 원칙을 왜 깨는지 이해하기 쉽지 않았지만 룰이라면 어쩔 수 없지 하곤 아쉬움에 할아버지와 헤어져 배정된 침대로 갔다.

백 개가 넘는 침대가 거의 다 비어 있어 썰렁함과 함께 싸늘한 공기가 온몸을 으스스 다가온다. 밖에는 한정 없이 빗물이 쏟아진다. 미지근한 물로 사지가 오므라들 듯 샤워를 하면서 다 젖은 옷만큼 마음까지 젖는다. 온몸이 아려오기 시작한다. 샤워실 역시 미지근한 물조차 버튼 식으로 누르고 누르고, 살갗에 소름이 돋아 있다. 침대로 얼른 달려가 배낭에서 침낭을 먼저 펼쳐 있는 옷 전부를 끼여 입고 침낭 속으로 든다. 영국에서 온 상훈 씨가 들어온다. 대단하다고 칭찬을 해 준다. 체력만으론 할 수 없는 길인 줄 몰랐단다. 아침에 3킬로미터를 나의 보폭에 따라 걷게 도와 달라고 며칠 전부터 따라왔다. 3~5킬로미터쯤부터는 자기 페이스대로 걸어왔다. 덕분에 오늘 그래도 일찍 도착했다고 감사한 마음을 전한다. 기특하다. 쉬지 않고 천천히라도 뒤처지지 않고 계속 걷는 것 또한 대단하다는 걸 나는 안다. 냉방인 숙소지만 밥이라도 제대로 먹기 위해 같이 밥 먹으러 나간다. 그리고 내일 아침과 점심을 위해 마트를 찾아 헤맨다. 너무 큰 마트를 묻고 물어 찾아 가는 길이 설산을 맨발로 극기 훈련하는 심정이 이것이구나 하는 천근만근 무거운 심정으로 걷는다. 여러가지 필요한 것을 찾을 수 있는 대형 마트이다. 무게 때문에 마음껏 사지는 못하지만 그래도 신났다. 내일 아침과 점심을 마련했다는 안도감이라도 가져본다. 가시밭을 걷는 느낌으로 움직이면서 춥고 배고픔을 달래줄 음식점을 찾아야 한다. 동네 주민들에게 물어가며 식당을 찾아 나선다. 운 좋게 음식다운 음식을 연이틀 먹어본다. 기운을 차려야 한다는 절실함은 살아내야 하는 이유이기도 하다. 방수로 이름 붙여진 기능성 운동화가 무색하게 빗물에 젖은 빨강 운동화는 눈물겹게 물기로 부풀어 있다.

스페츠가 없어 빗물에 젖었다고 생각하여 며칠을 큰 도시마다 순례자 용품점을 찾아 헤매어 비싸게 사서 신었지만, 빗물은 봐주지 않고 온몸을 젖게 했다. 이제 작은 키에 맞지 않지만 그래도 바지 우의를 산다. 상훈 씨도 한 벌을 산다. 빗물에 절어지는 느낌으로 걷기란 인간의 한계를 넘어선다. 온몸의 세포가 쏟아내는 눈물 같은 아림이 인다.

상훈 씨는 체력만큼은 누구에게도 뒤지지 않는다고 생각하며 순례길을 선택했단다. 하지만 만만치 않은 길이라 순례길일 것 같단다. 영국에서 사업을 하지만 영락없이 한국 남자다. 걸으며 가족의 이야기를 많이 내놓는다. 그만큼 사고의 깊이를 갖게 하는 고된 길이다. 휴가가 짧아 완주는 못하지만, 자신을 돌아보게 되었다며 절룩이는 발끝을 본다.

외국인들 속에서 덩치만큼 당당해 보이며 쉽게 다가오지 않던 상훈 씨이다. 자연이 겸손함과 더불어 배려를 가르쳐 주는구나 싶다.

거울 앞에 우의를 입고 명품 옷을 산 듯 으쓱 해 보인다. 이제 비가 내려도 완벽하다.

숙소에 들어가 침낭 속으로 쏙 들어간다. 어느덧 누워 솔랑솔랑 굴리던 생각은 아득한 미궁으로 빠지듯 그리움에 눈물이 흐른다. 너무 멀리 있다. 다가갈 수 없는 서러움의 강은 넘친다. 멈출 길 없이 온몸에 열기까지 더해져 깊어가는 한기만큼 서러움이 커진다. 자다가 죽지는 않을 것이란 위로로 마음을 안정시켜본다. 몸을 추스르지 않음 무너질 수 있다는 몸의 소리를 인정해줘야 하기에 내일은 쉬어야 한다.

사람의 훈기가 느껴지는 산타마리아 성당의 알베르게로 옮겨져 낮잠을 자는 사이 밤사이 열꽃은 사그라든다. 순례길 두 번째로 쉬게 되는 날이다. 똑같이 성당에서 운영하는 알베르게도 천장이 낮다. 사람의 훈기가 사람을 살릴 수 있음을 몸으로 느끼며, 많은 사람들 속에서 살아야 하는 이유를 찾았구나.

눈동자

신발을 벗어 놓고 침대 위에 올라선다. 하얀 벽지에 따갑게 비치는 형광등 불빛이 버거워 천장에서 자연을 찾는다.

자연은 곁에 있다. 제대로 바라봐주기보단 기분에 따라 언제나 변화무쌍하다. 인간은 받는 것에 익숙하다 보니 원하는 것에 집중되어 있다. 조그만 변화에도 호들갑 떤다. 익숙한 행동을 나에게서 본다.

여행은 언제나 나를 성장시킨다. 혼자 새로운 환경을 눈에 넣었다. 신기하게도 어렵게 생각하던 길 찾기는 수월하다. 외국인들에게 묻는 것이 재밌다. 익숙하지 않는 문화와 익숙하지 않은 외국인들의 무리 속에서 자유로움을 느낀다. 왜 이리 행복할까 싶을 만큼 외국인들의 눈을 떨림 없이 바라보며 정중히 길 묻는다. 어렵지 않게 친숙한 행동을 한다. 맘껏 느끼는 홀가분한 행동들이다.

한적하게 커다란 방에 혼자 누워 있다.(바로셀로나 민박 주인장의 배려로 호텔 같은 방에서 만끽할 수 있는 3일간 호강을 하기로 했다.)

머릿속을 복사한 듯 형광등 불빛 속에 파노라마처럼 비춰지는 한 단계 한 단계 걸어 나온 길이 보인다.

MRI 검사를 하기 위해 침대에 누웠다. 떨리는 마음보다는, 아픔을 벗어나고 싶다. 조형물을 넣어야 검사가 된다는 의사 선생님의 말이다. 순응하는 표시로 고개를 끄덕인다. 뼈가 부서지는 듯 온몸의 살이 뒤틀리듯 파르르 흔들리며 떤다. 사방이 파동치며 부풀어 오르다 떨어져 바스러지는 유리조각이듯, 살 속에 파고든 약물이 스며든 날카로움으로 들통 앞에 눕는다. 투명해진 약물에 엉겨붙은 살덩어리를 가르며, 육체 곳곳의 뒤져 볼 원통의 기계 속에 넣어지는 순간이다. 쫄깃한 심장 박동수가 늘어나면서 호흡 정지될 것 같아 머릿속이 하얗다. 온기가 절실히 필요한데, 느낄 수 없는 눈길로 바라볼 육체 한 부분이다. 통에 들어가기 전부터 살아온 과정만큼 갑갑함이 밀려온다.

유독 MRA 검사를 받을 수 없었다. 호흡 곤란이 극심한 공황장애의 특성상 집안에 있어도 방문을 닫지 못한다. 병적 증세가 사라진 지금이지만 식은땀조차 용납 안 되는 것이, 거북스러움이구나 싶을 만큼 답답하고 뛰쳐나가고 싶다. 숨이 헉헉 막혀 오는데 참아야 한다. 내 육체의 비밀을 알아야 한다는 생각으로 나를 달래기 위해 가장 행복했던 생각을 떠올린다. 힘을 주지 말란다. 사지의 품만큼의 공간이 전부인 MRI 기계에 누워 있기는 충분하다. 단지 청각과 시각이 갇혀도 정신의 자유로움만이 살 길임을, 수없이 스스로 처치해온 방법을 환기시킨다.

육체는 죽어도 영혼만으로 살아도 지탱할 수 있을 것 같다는 생각이 든다. 죽음이 두려웠는데 다행스럽다는 생각까지 하면서 삼십 분이란 시간을 버텨 낸다. 발가락부터 머리끝까지 바짝 붙어 달린 기계 소리로 크게 떨린다. 꼼짝없이 묶여 있는 육체는 그저 붙어 있는 부속품이다. 언제나 나는 없었던 것 같이 단지 크게 들리는 기계 소리뿐이다. 다행히 통증은 내가 살아 있음을 알리는 소중한 알림 종이다. 처음으로 이렇게 큰 위로가 되는 통증이 살갑다. 공황장애를 앓고 난 후유증은 또다시 돌아갈 것 같은 한 평밖에 안 되는 관 크기의 공간에 갇힌다는 나만이 겪는 무서움이다.

사진 찍기를 거부하며 수단 방법을 다해 나오려 애써 왔다. 혼자 아파하며 지내는 것은 너무 외롭고 쓸쓸하다. 눈물 날만큼 서러웠던 기억에는 아주 어릴 적부터이다. 그러다 보니 건강한 사람이면 자연을 만난 듯, 아니 하늘 눈동자 속에 빠졌던 어린 시절 같은 편안함을 찾는다.

들통 모양으로 만들어진 기계는 쇠 소리를 내며 오며 가며 내 과거를 흡수하듯 깔딱거리는 숨소리를 외면하며 지나친다. 다시 뒤돌아오는 눈길이 써늘하고 매섭게 들이대는 만큼 숨 조여 온다. 옴짝달싹 못하는 몸과 함께 얼어붙어 가는 호흡을 따스한 마음으로 쓰다듬는다. 친정 엄마의 따스한 손길로 와 닿는다. 그득한 여운 속엔 기쁘고 슬픈 시간들도 녹아 있다. '꿈이었구나.'

무너지는 체력의 반복 속에서 마음껏 가고 싶은 발걸음은 가질 수 없는, 당연함에도 당연하게 받아들이지 않고 원망의 대상을 엄마로 찾았다. 여자라는 이유로 차별하며 키우신 이유로 하나로, 약한 체력과는 상관도 없는 엄마를 미워했다. 주체하지 못하는 체력에 시도 때도 없이 쓰러지는 딸에게 화를 냈다. 걱정보다 화부터 내는 엄마에게 그동안 남동생이나 오빠들과 차별되었던 일들이 보태어져 화가 났다. 오빠라면, 동생이라면 하는 비교하는 마음이 있다. 한 번만이라도 '힘들어 어쩌니?' 라고 긍정해 주길 무한히 바랐다. 그런 과정에 난 나를 토닥이고 인정하는 법을 배우지 못했다.

친정아버지는 어릴 적부터 그저 지지해 주고 인정해 주려 애쓰셨다. 엉뚱한 나의 결정에도 언제나 고심하고 끝까지 들어 주었다. 밥을 잘 먹지 않아 혼나기 일쑤였다. 친정아버지도 밥에 관하여선 친정엄마와 같이 화를 냈다. 언제나 배가 아팠고 배부르게 먹기만 하면 화장실로 달려갔다. 채울 수 없는 허기짐이 말할 수 없는 커다란 숙제였다. 당시엔 어지럽고 힘이 부쳐 손 하나 까닥할 수 없어, 학생시절 조회 때마다 쓰러지기 일쑤였다. 당시 택시 타고 달려온 부모의 마음보다 그저 어린 마음에 부끄럽기만 했다. 평소 하굣길에 집까지 걸어가기 힘겨워 도착해선 엉엉 울었던 기억이다. 지치고 힘들다는 것은 나만이 알 뿐이었다.

지금 이 순간, '그래, 힘들었구나!' 라고 따스한 엄마의 눈길이 곁에 있다.

나도 나 자신에게 요구하기만 했을 뿐이다. 그저 바라봄 자체도 될 수 없는 자신을 인정해 주지 못해 얻은 병이다.

빨간 등산화로 바꾸어 신으면서, 첫 번째 MRA 검사를 마치고는 여물지 못한 자신감이지만, 스페인 길 위에서 가슴의 근육을 얻었다. 기나긴 터널의 지루함과 어두움을 지날 때도 미소 짓는다. 어릴 적 바라보고 눈 마주치던 하늘은 아직 있다. 나를 바라보고 있다.

폰세바돈에서

아스트로가에서 가랑비로 시작된 발걸음은 뜨거운 햇살로 이어진다. 이제부터 우기가 끝나는지 반갑기도 하지만 또 다른 복병인 햇살이 두렵다. 비와 햇살이 발끝으로 흘러내린다. 엇갈린 만남을 거쳐 폰세바돈에 도착했다.

산 정상에 있는 마을이 나를 삼킨다. 불현듯 한국인의 목표 지향적인 성향을 조롱하듯 흉내 내는 미국인의 모습에서, 더없이 화가 났다. 한데 글을 쓰려는 순간 나였다. 목표 중심적으로 오로지 앞으로 걸어서 가야만 직성이 풀리는 것이 대단한 것처럼 자신에게 희열감까지 준다. 힘든 고비가 나를 더 신나게 만든 건 정상에 올라서였다. 힘든 것이 해결되어서였다. 한데 그 미국인들은 왜 기를 쓰고 이 높은 곳까지 왔을까? 자기네도 별반 차이가 없는 사람들이 우릴 조롱하다니, 뭔 의미가 있느냐는 질문에 어쩐지 기분이 썩 좋진 않다.

설산이 눈앞에 있다. 사랑하는 사람이 앞에 서 있듯 그저 그윽하게 바라보게 된다. 너무 빛난다. 햇빛이 강렬하게 요동치는 모습에 태블릿 피시의 자판이 보이지 않는다.

산꼭대기 마을의 고도에 기침이 몇 번 나오더니 그런대로 적응해 간다. 말들과 양들은 나를 물끄러미 바라본다. 햇빛이 너무 따사롭다. 수십 년 전에 받아본 여유로운 햇살 같다. 알베르게 자녀인 듯 두 아이들이 옹기종기 닭을 쫓아 다닌다. 튼튼해 보이는 어린 남매들이 너무 예쁘다. 이슬람계인들이라 시커먼 어린 시절의 나의 모습을 본다. 어릴 적에는 몸이 너무 허약해 뛰어노는 것보다 누군가 뛰어노는 것을 바라보는 것을 더 즐겨 했다. 그저 부러웠다. 뛰어노는 것도 힘들고 게임엔 소질도 없었다. 다가갈 생각조차도 없이 작은오빠 뒤만 쪼르르 따라다녔다. 오빠는 내가 귀찮아 발 빠르게 뛰어 도망치곤 했다. 지금 생각하니 참으로 소극적이고 잘할 수 없어도 혼자 무언가 해 보기라도 했으면 좋았을 것을, 못한다고만 생각하고 전혀 해 보려고도 하질 않았다.

내 앞에는 햇살이 너무 따사롭다. 고양이 두 마리가 어슬렁거린다. 집에 있는 우리 고양이 품바가 보고 싶다. 내가 도망갔다고 생각할 텐데 처량 맞게 나를 기다리고 있을 그 눈이 보인다. 닭과 양들은 누워 잔다. 말 두 마리는 서로 장난치며 즐겁다. 너무 평화로운 저 모습이 나를 그저 방심하게 한다. 산 정상에 있는 마을에 산등성이에 올라탄 기분답게 천상에 와 있는 느낌이다. 햇살과 설산이 참으로 절묘한 아름다움을 자아낸다. 손에 닿을 듯 건너편 산등성이가 가파른 계곡을 묻혀 순간 이동을 자유롭게 할 수 있을 것 같다. 돈키호테가 말을 타고 뛰어넘는 것이 연상되는 순간이다. 햇살 사이에 서늘한 바람의 숨바꼭질하듯 사이사이 매섭게 다가왔다 사라지는 협곡의 매서운 기운이다.

쉽게 내려놓으면 되지 하는 핀잔 같은 소릴 한다. 쉽지 않은 게 아니라 최고로 어려운 것을 저렇게 쉽게 한다는 생각을 한다. 지금 이 순간 너무 쉽다. 여기에선 오로지 걷는 것와 먹는 것, 싸는 것 그리고 온수와 난방이다. 그 외엔 더 이상 걱정할 것이 없다. 단순한 삶이 주는 단조로운 생각의 여유다. 수십 일 동안 반복된 생활에 익숙해졌다.

어려운 일이 쉬워진 것은 무엇일까? 단순해진 생활이 주는 행운이다. 그저 인간의 욕구 이외엔 없다. 인간이 가진 욕구는 단순한 것임에도 현실은 복잡했다.

굴곡이 제대로 이뤄진 이곳의 특성이 범접하기엔 어려운 난곡이다. 빨간 운동화가 회색으로 변해 눈을 못 뜨곤 몇 번 휘청인다. 아침에 비 맞으며 떠났지만 땀범벅으로 올라오며 사지가 각자 흐느낀다. 아마 〈돈키호테〉라는 소설이 발생할 만한 충분한 울창함과 협곡의 음각이 선명하다. 올라온 길을 뒤돌아본 장관은 천상이다. 하늘은 청명이란 단어가 저절로 올라온다. 천연의 자연경관에 홀려 발가락의 열기와 답답함은 외면당하고 벌어진 입으로 바라보다 구르기에 십상이다. 이곳이 돈키호테와 연관된 도시와 거리가 그리 멀지는 않을까 생각해 본다. 너무 평화롭다.

작은 마을 속에서 산으로 둘러싸여 오로지 산과 하늘 그리고 나 외엔 모르겠다. 보이는 건 없다. 단지 자연이다. 어찌 이런 환경이 있을까 싶을 만큼 꼭꼭 숨은 자연의 진실이다. 이제 자연에 나를 맡긴다. 시간을 맡긴다.

그동안 시간에 쫓긴 세월을 살았다. 복잡한 생각이 머리꼭지까지 올라온다는 것을 맛보고는, 시간에 맡기는 여유가 생겼다. 많은 시간이 걸렸다.

자연스러운 것이 이런 것이구나, 자연이 스며든 나의 옷깃과 나의 시간들이 되어준다. 오롯이 나를 본다. 나 외엔 없다. 어찌 이런 날이 있겠는가. 너무 감격스럽게 자연에 휩싸인 나의 모습이 아름답다. 치장도 생각도 없이 그저 숨 쉬는 내 모습이다. '그저' 라는 단어가 제일 잘 어울리는 곳이다. 따듯하게 햇빛에 보여주는 내 빛이다. 감사하다. 햇살이, 살아 있는 나의 신체 구석구석 쪼아댄다. 졸아들어 있던 세포의 움직임이 느껴온다. 마디마디로 이루어져 있는 뼈마디의 움직임에 청각으로 들으며 손으로, 마음으로 만져 주며 빨간 운동화 속 발가락에서 흡수하는 땅의 에너지를 흡수하며 걷는다.

완전한 외로움이 가져다 준 덧대어지지 않은 나로 돌아 돌아왔다. 어설픈 외로움을 느꼈던 시간들이 어렴풋이 떠오른다. 그저 외롭고 힘들기만 했다. 무엇인지도 모르고 외롭다는 생각에 아팠다. 그런 때는 주변에 가까운 사람들에게 서운한 생각이 앞섰다. 인간이 쉽게 서운함을 갖는 사람은 가장 가까운 사람일 게다. 오로지 내 생각에 가까운 사람이다. 그것이 문제를 일으키는 것이다. 이제와 생각하니 오로지 나의 주관에 따라 변화무쌍한 시간들을 보냈구나 싶다. 주는 그대로 받아들이는 자연에 순응한다. 편안하다. 이런 편안함이 언제 이뤄졌던가 싶게 아련하다.

아무도 없다고 생각하는 것이 아니라 그저 완전히 혼자인 지금, 자연이 와 닿고 자연에 숨소리가 무엇인지 몸으로 듣는다. 아무리 요란해도 자연이다. 아름다운 소리와 움직임에도 놀라 움찔했던 나에게 어느덧 편안한 숨소리로 들린다. 걸음이 즐겁다. 주변이 음악으로 들리는 지금 나에겐 아무도 없다. 단지 걷는 나와 자연의 움직임이 주는 행복감이다. 참새들과 인사 나누는 것이 일상이 될 줄이야. 길 앞을 가로 막기도 하고, 길 옆 나무와 풀숲에도 숨었다 뛰어나오기도 하며 묘기를 부리기도 한다. 지나는 나에게 관심을 주니 더 행복함을 느낀다. 나 또한 무엇인가 말을 걸기도 하는 참새들에게 손 흔들어 주고 말을 걸어본다. “반가워! 잘 있어! 너희들을 만나게 되어 넘 행복하다.” 곁에 개들이 짖어 댄다. 다가가 “왜 그래?” 라고 묻는다. 어쩐 일인지 조용해진다. 여태껏은 지나는 사람들을 무서워 짖기는 해도 소통하려면 더욱 짖어대며 도망치곤 했다. 길거리 고양이들을 보면 다가가 냄새로 소통하기도 하며 걷는다. 나뭇잎 떨어짐에도 화들짝 놀라던 나는 없다.

그저 길가의 무수히 올라온 달래를 보며 반가움에 미소를 보낸다. 집에 가면 된장찌개를 꼭 먹어야지 맘을 먹는다. 남부 쪽으로 올라올수록 고사리가 눈길을 준다. 산천에 고사리가 천지라고 말하는 게 맞겠다. 보기만 해도 기쁘다. 우리나라 사람들에게 인기가 많은 저 고사리를 ‘어쩌나?’ 하는 웃지 못할 고민을 하면서 그저 웃는다. 길가의 꽃들에게도 시선을 주며 손짓하며 걷는다. 그렇게 여유를 부리며 걷는 것은 십 킬로미터에서 이십 킬로미터일 뿐이다. 그 외엔 점점 삭막해지는 나를 감당하기 힘들어 기도를 하기 시작한다. 그렇게 자연과 호흡을 하며 수십 일 지났음에도 결코 쉽지 않은 막막한 길만이 보인다. 언덕 너머 언덕이 있다. 내리막길이 그지없이 내려갈 때쯤이면 걱정이 앞선다. 얼마나 올라가려고 이리 내리막길일까. 바닥 치는 사람이 올라갈 것밖에 뭐 있겠어! 란 포기의 소리하듯, 얼마나 미끄러지는지 모르게 울퉁불퉁 내리막길을 옆도 볼 겨를이 없다.

발목이 다칠까 두려워 조심스럽다. 그래도 힘겨운 오르막길은 빨리 올라가야 하는 숙제일 뿐이다. 하지만 가파른 오르막을 복식호흡으로 내 몸의 흐름을 관장하면 그나마 쉬워진다. 경험을 통해 호흡부터 가담는다. 발걸음을 빠르게 옮긴다. 누구보다 빨리 뛰어가는 이유는 힘에 부치는 것을 단 시간에 힘을 쏟아 올라가야 하기 때문이다. 어쩔 수 없음이다. 작은 키에 작은 체구답게 체력이 떨어짐을 누구보다 잘 알기에 시간을 줄여야 살아남을 수 있다. 중간에 퍼진다면 나에겐 답이 없다. 시간이 늦어지면 늦어지는 대로 체력은 방전될 뿐이다. 차도 숙소도 없다. 하지만 그런 것을 생각하기도 전에 내 몸은 마음에 좌지우지되고 있다. 그저 목적지까지 힘겨울 지경이더라도 버텨내야 한다. 목적지까지 가야만 되는 경건하게 발걸음을 빠르게 한다. 아무도 없을 땐 아픔도 그저 아프고 정말 힘겹다. 눈물이 나거나 주저앉아지지 않는다. 목적지를 어떻게 생각하느냐에 따라 덜 지치게 한다는 걸 알아차렸다. 목적지에 대한 상상을 거창하게 하며 나에게 힘을 주어야 한다. 그것이 마지막 구원의 기도이다.

하늘이 손에 닿은 듯하다. 너무 황홀한 폰세바돈의 길을 걷다 뒤를 돌아보면 내가 대단하다. 어찌 이런 길을 왔을까 생각이 들 만큼 저절로 나를 인정해 준다. 젊은 외국 친구인 엘레나를 힘겨운 길에서 만났다. 엘레나와 그의 남자 친구를 만나 포옹을 한다. 독일 친구들이다. 그리고 대단하다고 서로 칭찬과 인정을 해 주곤 한다. 엘레나의 생기발랄한 모습에 부럽다. 나이의 부러움보다 생각이 마음껏 열려 있다. 길에서 만난 저 연인들에게서 경직되었던 어린 시절이 떠오른다. 계집아이에게 주는 자유란 무엇이었을까? 여자는 "맏며느리감이야."라는 말로 최고의 칭찬 받던 시대였다. 자유스런 행동은 있을 수 없는 시절이라 여행은커녕 연애조차도 쉽지 않았다. 생각의 자유는 생각지도 못했다. 어른들이 만들어 놓은 원칙에 맞추어 옳고 그름으로 판단되어진 시대를 살았다. 유연한 사고로 다양한 생각과 다양한 경험을 받아들이는 열린 사고가 어려울 수밖에 없는 구세대라고 생각하니 씁쓸하다.

엘레나와의 만남이 잠시나마 젊어지는 것 같아 기분이 좋다. 맑아지는 기분이다. 나보고는 넌 배낭이 너무 크다며 사진을 찍자고 요청한다. 그러곤 힘내라는 말과 함께 헤어져 걷는다. 나에겐 작은 가방보다 덜 힘들었지만 위로가 되는 말이다. 산 정상에서의 우정은 끝까지 멀리 서 있어도 서로가 크게 이름 부르며 달려가는 애틋한 정을 쏟게 한다. 같이 걸어온 힘겨움을 인정하는 이 길이 자연이다.

걸음이 주는 깨달음

200킬로 넘어가면서 갖는 생각은 감사함이다. 신체 일부들의 극진한 고생이 나를 이끌고 있음이다. 몇 십 년 살아오면서 그저 나는 나이기에 그저 신체 일부요, 신체 자체라는 생각밖에 없었다. 어디 아프다는 것은, 어찌하면 안 아플까 생각이 전부였다. 고맙고 감사함은 잠시 입으로 말했을 뿐이었다. 깊숙이 발가락 발바닥 팔의 놀림 속에 너무도 당연한 움직임이 아니라 나를 지탱해 주는 신체 일부분 하나하나 너무 소중하고 감사할 뿐 아니라 고마움으로 절로 인사를 한다.

날씨가 그날의 힘겨움일지, 가볍게 걸음을 시작할지 좌우하는 날들이다. 평생 비를 맞아가며 철철 흐르는 빗물을 오롯이 받아가며 땅과 비와 내가 하 나 되는 길을 무작정 걷는 건 처음이다. 하루가 되고 이틀이 되고 끊임없을 것 같은 비와 나, 땅의 질퍽함은 몇 배의 힘이 요구되지만 왠지 모르게 중간 지점에선 기분이 상쾌해진다. 처음 빗물 속에서는 그저 비를 어찌 대처하며 걸을까라는 숙제와 함께 걷는 걸음이 무겁기만 했다. 시간이 준 기회일지도 모른다.

비와 하나 되고 땅과 하늘까지 힘을 주기 시작했다. 빗물에 마음을 흐르게 되는 순간 흥얼거리는 마음의 가벼움을 떠나 흥겨움이 생겨났다. 하늘은 밝게 웃는데 비는 내리고, 땅은 넘쳐나는 빗물을 감당하기 힘든 상황까지는 아닌듯 그저 물줄기를 내려 보낸다. 자연스런 물줄기를 만들고 있다. 아름다움의 수용이란 것이 이런 것이구나 싶다. 난 그동안 너그럽게 받아들인다고 생각한 모든 것이 어거지였던 것 같다. 그러니 병으로 나타났겠구나 싶다. 받아 들여야 한다는 생각에서 내 스스로 상처를 받아 안은 것이다. 누구의 압력이 아니라 꼭 누군가보다 더 마음을 주어야 편하게 생각한다. 누군가에게 부담되는 대접을 받았을 때는 꼭 빚을 갚아야 마음이 편하다. 만 원짜리 밥을 살 수 있는 여유가 없는 사람이 만 원짜리 밥을 살 때는 부담스러워 잠을 못 이룬다. 내가 살 것을 하는 후회가 가득하다. 이곳에서도 아픈 사람들을 그냥 지나치지 못한다. 부족할 것이 뻔한 내 약을 기꺼이 주곤 한다. 그리고 괜찮은지 꼭 묻는다. 안쓰럽기도 하다. 나의 안쓰러움보다 더 남이 더 안쓰러운 것이다.

순례 4일 밤 아침 여기저기 빈대(베드 버그)에 물려 어수선하다. 나에겐 아직 이다. 오지랖은 이곳에서도 버릴 수 없다. 가져온 약을 꺼내 나눠 주곤 부지런히 짐을 쌌다. 어르신 부부가 다가와 약을 맡겨 놓은 듯 당당히 달라고 한다. 어안이 벙벙할 사이도 없이 드렸다. 두 분이 떠난 자리에 주변 친구들의 헛웃음이 남는다. 아침 끼니를 해결 하려 아래층 식당 칸으로 갔다. 시끌벅적하다. 어르신 부부가 알베르게 숙소의 불친절과 청결에 불만을 토로하고 있다. 5유로라는 저렴한 숙소 비용에 많은 것을 요구한다. 곁에 있던 한국 젊은이들은 부끄러워 고개를 돌린다. 2번째 길이라는 어르신은 걷기보다 저렴한 버스 여행길인 듯하다. 호스트에게 버스 시간대를 묻는다. 빈대 물려 부어 오른 것이 어쩐지 멍하니 바라봐진다. 안쓰럽게 연세 든 어르신이다.

하루는 젊은 친구가 다리 한 발을 끌고 다닌다. 산악을 그렇게 걸을 수는 없다. 스틱 하나로 걷기엔 더더욱 걸을 수 없는 걸어야 할 길이 내리막 돌길이다. 발목 복상뼈에 염증에 퉁퉁부어오른 다리로 걸어갈 길은 아니었다. 젊은 친구에게 여기까지 온 것만도 대단한 거라고 칭찬하며, 그만 포기해도 될텐데 굳이 갈 이유가 있느냐고 묻는다. 여기까지 온것이 아까워 걷는다는 말이 뭉클하다. 아침에 뵌 어르신들과 대비되는 비장한 각오와 함께 칭찬과 감사함을 표한다. 마음이 아무 생각 없이 내 스틱 하나를 건넸다. 나보다 더욱 절실한 상황이다. 그것 외에 내 머릿속은 아무 생각이 없었다. 다음

날부터 걸음에는 힘겨움이 더욱 심해졌다. 산악을 오르락내리락하는 중엔 스틱이 너무 절실했다. 하지만 후회보다 그 친구는 잘 걸을까 걱정이 먼저 떠오르는 나를 보며 참으로 안 되는 인간이구나. 나 자신을 포기하고 대신 고생해야지 하는 생각을 한다.

걷는 나의 모습을 바라본 다른 이들의 눈에는 다람쥐라고 말한다든지 빈틈을 못 보겠다는 이야기를 듣는 순간 마음이 아팠다. 너무 애를 쓰며 지내왔구나. 자연스럽지 못한 받아들임은 많은 사람들에게 여유로움과 따스함을 주진 못하고, 혹시 상처를 주지 않았을까 하는 마음까지 들었다.

판초를 입고 걸었지만 빗물과 함께 발에 흙더미를 더해져, 점점 몸은 무거워진 만큼 사랑하는 사람들을 떠올리게 한다. 딸과 아들을 위해 기도를 하고는 그저 울컥 마음이 흔들린다. 부모님을 차례로 불러댄다. 그리고 사랑하는 사람들을 불러보면서 울음보다도 오히려 감사한 마음이 올라온다. 마지막 단계에 다달았을 때 그건 몸을 잊어야 한다는 거다. 발과 팔이 아프다고 인정하는 순간 무너지는 것이다.

네 번째 이야기

길이 오르고 있다. 뒤를 바라보다 멈춰선 자리에서 귀를 기울인다. 실바람이 햇살의 틈새로 깃든다. 보이는 모든 것이 보석이고 꽃이 되는 신세계 속으로 빠진다.

십자가로 이어진 산 언덕길

언덕 위로 이어진 나뭇가지 울타리에 나뭇가지로 옭아맨 십자가가 이어져 있다. 양쪽 나뭇가지들이 파란색이다. 누군가 머리에 파란물 들인 지인의 모습이 떠오른다. 피식 웃어 본다. 파인 길을 씩씩하게 걸어낸다. 수만 개의 십자가를 만들어 놓은 순례자들의 기도를 헤아려 본다. 예수님을 떠올렸을까 궁금해 하다가 지쳐가는 숨소리에 무뎌가는 감정은 그저 걷는 것밖에 없다.

곁에 외국인 3인의 건강한 남자 순례자들이 혼자 뒤듯이 걷는 나에게 '부엔 까미노'를 외쳐준다. 그들도 발걸음을 크게 잡는다. 보란 듯이 앞으로 쑤욱 뻗어 나아간다. 나에겐 언덕길을 뛰어넘을 기력이 없다.

비야프란카 델 비에로소(Villafranca del Bierzo)는 산맥 초입에 있는 마을이다. 오는 동안 많은 사람은 아니지만 스쳐 지나면서 서로가 외로움도 힘겨움도 알기에 기꺼이 인사로 힘을 준다. 경사로의 마을이 형성되어 있다. 마을이 너무 예쁘다. 어제 폰페라다의 숙소에서 벼룩에 물려 오늘은 빨리 달려가야 한다고 외치며 달려온 곳이다. 침낭을 뒤집어 널어놓을 수 있으면 좋겠다. 찝찝함을 걷어 내는 것이 커다란 숙제다.

멈칫한다. 사람이 없는 곳에서의 울컥 올라오는 감정에 어쩔 줄 모르는 발걸음이다. 무엇인지 모르는 이 감정을 어떻게 해야 할지 몰라 빨강 운동화에 눈길을 주며 걷는다.

지금 서 있는 곳이 어딘가? 멈춰 선다. 힘에 겨워 손발이 부르르 떨린다. 빨강 운동화엔 뽀얀 먼지 주름이 들썩인다.

온몸에 소름이 돋는 듯 시퍼런 입술의 여인이 떠오른다. 여성의 전화에 몸담은 지 9년째.

하루는 지역 파출소에서 여자 분을 동행해 왔다. 경찰서에 도와달라고 했건만 정작 도와줄 경찰 앞에서 두려워 떨고만 있어, 답답함에 여성의 전화로 도움 요청하려 왔다. 그 시점에는 경찰서에 인권 센터가 없을 당시이다. 참하고 예쁘고 여린 모습을 가진 여성의 얼굴이 파리하게 겁먹은 얼굴로 떨고만 있다. 십여 분을 가만히 기다려 주며 편하게 이야기 하고 싶을 때 할 수 있게 따듯한 차 마시며 곁에서 있어 줬다. 한여름의 더위에 떨고 있는 모습이 안타까워

모포를 가져다주며 손을 잡는 순간, 눈물을 흘린다. 칼을 든 남편의 극악한 모습을 떠올린 듯 파르르 떤다.

도끼와 칼을 곁에 놓고 요구한 잠자리를 억지로 할 수밖에 없는 끔찍한 밤을 이야기하며 몸서리친다. 서슬 퍼런 떨림이 나의 머릿속을 헤집어 놓았다.

극악한 짐승 같은 폭력에 복창이 터질 것 같았다. 그 여인의 아픔이 전해 오는 순간이다.

발가락 10개로 전해지는 뜨거움을 딛고 일어선다. 현실이 주는 안타까운 아픔을 볼 때면 어릴 적 흙내를 찾아 도망을 꿈꿔 왔다. 외면하고 싶은 추악한 현실은 멀미를 일으켰다. 꽁꽁 싸매 놓은 속마음을 펼쳐내 햇살에 말리듯 습기를 말리고 싶은 열망을 이제야 내놓는다. 밖으로 내 놓지 못했던 마음만큼 누적된 울분은 끈이 풀렸다.

흙내가 발끝을 따라 코로 흐른다. 꿈만 같은 편안함에 흙더미에 철푸덕 자리에 앉아 둘러본다. 혼자다 기꺼이 남이 씌워준 빨간 옷을 벗고 내가 신은 빨간 신발로 서 있다. 흙먼지로 뒤집어씌어 있는데 빛난다.

마음대로 되지 않는 속엔, 그만큼 막막함이 따른다. 밖으로 내놓아야 함에도 창피함을 떠나 무너져 다시는 못 일어날 것 같아 꼭꼭 숨겨둔 울음이 가랑비에 실어 날린다.

행동과 말들이 울퉁불퉁 모난 대로 생생이 떠오른다. 날카로운 시선으로 짓눌려진 모습이 처량하기도, 바보스럽게도 진흙 더미에 온몸을 뒹굴듯 버거운 수렁에 빠져들어, 혼자인 시간을 택했던 어두컴컴한 터널로 스스로 몰아넣었다. 가슴이 답답해 오면서 삶의 회의감이 휘감아 서러움이 목 안을 맴돌 뿐 나오지도 넘겨지지 않던 현실이 봇물처럼 땅에 내려진다. 시원하다.

어느 순간에 가슴의 울렁증과 함께 호흡 불안정이 수시로 드나들게 되어, 일상 생활이 힘겨웠다. 갇힌 느낌이 올 때면 숨 막히듯 호흡이 가팔라지면서 머릿속이 하얗게 순간을 아슬아슬하게 넘기는 나날이 이어졌다.

실컷 울기라도 하면 무언가 가슴에 얽힌 마음들이 우르르 쏟아져 나올 것 같았다. 체한 속이 풀리듯 시원스레 정리하고 새롭게 시작하고 싶었지만 그것은 꿈이라 생각했다. 움켜쥐고 있는 것은 나 자신임에도 자잘한 문제만을 뒤집어 볼 뿐 그 이상을 넘어가지 못했다. 크고 깊게 나를 관찰할 능력도 부족했지만 나 자신이 그만큼의 여유가 안 되는 상황이 지속되었다. 남이 아닌 나의 욕구로 감싸인 막을 깨든가, 뛰어넘지 못하는 부족함이다. 서퍼라도 파도타기를 제대로 한다면 거품을 이용하건만, 서핑조차 서투른 사람이 파도를 거스르려 안간힘을 쓸 뿐이었다.

서퍼로 물 위에 서는 것으로 만족하자는 가벼운 마음으로 걷는다. 가볍게 작은 거부터 갇힌 물길을 터주기 위해 서서히 마음의 가장자리를 도닥여준다. 급하면 막히는 것은 물길이다.

아침에 오락가락한 비님은 어디가고 오는 길에 만난 해님 따라 도시로 접어들어 있다. 마을 템플 성을 둘러본다. 강가에 둘러싸인 물안개를 걷히며 솟아오르는 저 햇살의 영롱함이, 언제 비가 왔던가 싶은 소소한 일상을 말해주는 소곤소곤 일렁이는 햇살이 초저녁을 메운다.

골목을 이리 헤집고 저리 헤집고 다닌다. 성 주변을 돌고 부르비아강 주변까지 슬리퍼 신고 조그마한 동양 여자의 모습을 띄엄띄엄 보이는 마을사람들이 흘끔흘끔 본다. 내일 아침, 점심으로 먹을 사과와 요플레 등 몇 가지 간식을 사서 든 봉지를 달랑달랑 흔들며 마을을 누빈다.

흙을 밟아 보기가 쉽지 않을 만큼 마을마다 골목엔 돌로 깔아 놓은 보도블록이 가지런하다. 빨간 운동화의 경건한 의식을 치른 후 보조 분홍 슬렉스라는 슈즈로 바꿔 신고 걷는 산책은 마음이 가볍다. 복잡한 듯 이어진 골목길을 기웃기웃 마을 사람들의 웃음소리가 들려오니 우리네 어르신들이 이웃집으로 마실 다니며 정겹던 모습에 편안하다. 다시 오긴 쉽지 않은 마을이라는 생각에 꼼꼼히 눈에 넣는다. 조그마한 광장엔 순례자들이 가득했던 다른 마을과 달리 이곳 마을사람이 정겨운 하루의 시름을 나누는 마음이 가득하다. 작은 마을치곤 넓은 강과 작지만 기품 있는 성과 주변 집들을 보며 윤택한 마을을 짐작게 한다. 한적하고 아름다움의 도시로 작지만 빈집으로 가득했던 다른 마을과 달리 산속에 깃들인 여유로움과 웃음이 있는 이 곳이라면 나도 살아보고 싶다.

다음날 프라델라 봉 930미터를 넘어야 한다. 흔들려지는 목젖으로 휘저어질 고뇌의 끝을 볼 수 있을까 기대를 해본다.

하늘과 닿은 곳

비야프란카 델 비에르소는 산맥 초입이다. 28킬로미터의 산악을 타야 한다.

오세브레로 오는 길이 멀다고 표현하면 안 되는 곳, 참으로 아득한 마을이다. 오면서 몇 개의 마을을 거쳤다. 아름다움이 거저 얻어지지 않는 황홀함 뒤에, 내가 살아온 삶 자체가 흔들렸다. 뭐든 마음이 먼저라 생각했는데, 마음 너머에 수없이 상념들이 나를 휘감는다. 삶 자체에 문제가 있기보다 언제나 생각할 것이 많다. 지금 오세브레로 오는 길에선 모든 것은 사라지고 있다. 단지 살려는지 죽으려는지 그저 버티는 힘겨움이다.

죽어도 여한이 없다고 생각했지만 극한의 순간 입에선 가족을 위해 기도한다. 여태껏 오로지 내 가족만을 위해 기도를 한다면 세상에 죄짓는 느낌이다. 그리 기원해 주어야 할 사람들이 많다. 다들 안쓰러웠다. 한데 오늘은 오롯이 나를 위한 기도와 가족을 위해 기원한다. 처음이다. 머리부터 발끝까지 떨린다. 힘겨움을 너머 온 정신과 온 힘을 다해서 걷고 걷는만큼 기도는 절실해진다. 잘 살고 있는 내아이들임에도 짠한 마음이 올라온다. 노환에 고생하는 부모님이 떠오른 순간 발끝은 흔들린다.

숨이 가쁘다는 표현이 맞지 않는, 하늘이 놀랄 만큼 어지러웠다. 이렇게 쓰러지면 어떨까 하는 생각이 스친다. 하지만 상관은 없다. '어찌 이런 곳에 사람이 어떻게 살았지.'라는 생각이 들 만큼 멋진 풍경 이면에 너무 험난한 길, 위에 마을은 조용하다. 아름다움이 있다. 사람이 살아가는 데 필요한 건 물이고 자연이란 생각에 멈췄다.

아름다움의 경지는 뭘까? 자연스러움을 말했지만 극한의 경치를 보여준다는 것은 그만큼 심각한 상황을 겪는 뒤일 수 있지만, 벼랑에 핀 꽃을 말하듯 벼랑을 타고 일어선 자연일 것이다. 돌 하나 꽃 한 송이 발끝에 닿는 도마뱀과 이름 모른 꽃들의 흔들림은 지쳐 쓰러질 즈음에 미소를 짓게 한다.

무엇을 위해 나는 이렇게 버거움을 너머 숨 막히는 짓을 할까? 힘겹다. 무엇이 그리 힘겹냐고 묻는다면, 아득한 목적지이다. 보고 싶은 사람들에 대한 그리움이다. 가도 가도 끝이 보이지 않는 매일 매일의 목적지를 향해 간다. 힘이 들지만 막막하진 않다. 버겁다 발이, 몸이 떨리고 목이 차이는 것을 어쩌랴.

사람이 뭘까? 사람 속에서 아프고 힘들다. 한데 피해서 온 이곳에서도 사람에 치인다. 무엇을 위한 삶일까? 지겹다는 생각에 목이 멘다. 싫다. 피하고 싶다. 나를 바라보는 것만도 힘들어 나를 친다.

이국땅에서 아픈 여자 분을 만났다. 같이 걷게 된 인연도 큰 인연이다. '어쩔까?' 나도 화를 내고 싶다. 하지만 상처 주기 싫어 외면한다. '어쩌라고 이럴까?' 자신의 누구를 본 것 같은 생각에 나만 봐도 짜증이 나는 그런 사람을 계속 묵인하며 지탱하는 내가 싫다. 여태껏 그래 왔는데, 본인은 집에 가 후회할까 봐 그렇게 한다는데, 나는 계속 피하는 나를 찾아 같이 행동한다. 지적과 함께 짜증을 받아야 하는 나 또한 힘이 든다. 외면하다가도 돈을 아껴야 하고 어설픈 길 찾기와 어설픈 자신을 신뢰하지 못하는 그분을 알기에 외면하지 못한다. 본인이 힘이 있는 분이신데 인정하지 못하는 그분이 안타깝다. 열심히 살아온 것이 내가 보기엔 멋지기도 하다.

내 상황 또한 쉽게 누군가를 무조건 받아들이기엔 신체와 정신이 바닥나 있다. 왜 의지를 하면서 그렇게 술주정까지 하며 힘들게 할까 물었다. 당신의 어머니다. 당신의 어머니에 투영되어 나의 생활도 그럴 것이다 짐작한다. 전혀 다른 상황임에도 나를 충고한다.

아픈 사람에게 더 아프게 하고 싶지 않다. '왜 난 평생 남을 더 봐주게 될까?' 라고 자괴감이 들다가도 내 스스로 괜찮은 나를 본다.

과거엔 그만 사람에 힘들고 싶다는 욕구로 사람들 속에서 탈출만을 꿈을 꿨다. 예상치 못한 스트레스가 답답증을 불러온다. 적당한 거리를 두어도 외면을 하여도 마음 편치 않아 혼자 끙끙 앓는다. 그러다 평소 버릇대로 혼자 여행으로 시름을 잊듯, 움직이는 자연에 몸과 마음을 맡긴다. 평온하다.

시간이 지나면서 사람 속에서 행복과 상처는 함께 온다는 것을 배웠다. 상처가 두려워 도망치다 행복마저 잃을 수 있다는 것을 늦게 알았다. 아주머니도 알고 있으리라. 본인이 그저 후회되는 일 만들고 싶지 않은 절실한 아픔이 옮겨진다. 어머니의 그리움도 함께 있음을 느끼며 외면할 수 없이 나도 아프다. 살아 있는 동안은 나 또한 힘든 것을 묵인하며 힘들어만 할 것 같았다. 오늘은 나를 보듬어 주고 싶다. "이기적이어도 괜찮다."라고 외친다.

절벽을 가늠하기 힘든 가파른 하루다. 결국 우리가 서 있는 곳이 가파른가 평지인가는 각자의 상황에 달려 있다. 아름다움도 그저 느끼는 사람의 상황에 다를 뿐이다. 한데 난 왜 굳이 죽고 싶다는 생각을 놓지 못하는 것일까? 지금 이 순간에 내가 아픔에서 벗어나지 못했음 인정한다. 아직 아프구나.

아프다고 인정하고 나니 오히려 편안하다. 하늘이 눈 앞에 서 있어도 너무 아득하게 멀리만 있었다. 가까이 와 닿아 있는 하늘에 나를 내려놓는다. 가슴 아픔이 아직 남아 있다고, 아프다고 투정 부리고 싶다. 그래 내 스스로 아프다는 것을 부인하고 싶었다. 신체적인 아픔보다 보이지 않는 아픔에 대한 부끄러움이 나를 움켜잡고 있었다. 이제야 하늘에 마음이 닿는다.

순간

뜨리아까스텔라를 지나 사리아가 19킬로미터 남았다. 뽀얗게 화장한 운동화에 빗방울이 스친 얼룩으로 짙게 묻어 있다. 온몸에 스며든 맑은 공기로 맑아진 영혼과 달리 발걸음엔 무거운 추를 달아 걷는 듯 무겁다.

산이란 울창한 나무를 상상해 오던 우리네와 다른 사막의 억센 작은 나무를 연상시키는 나무들이 많다. 작은 돌보다 큰 돌이 발에 힘있게 딛고 앞으로 나아가기에는 힘이 된다. 산티아고 가까이 다가올수록 순례자들이 많이 보인다. 단기간의 순례길을 걷기 위해 가장 추천하는 곳이 사리아부터 산티아고까지의 순례길이다 보니 더 늘어날 것이다. 숙소 얻기가 쉽지 않을 것을 염두해 두어야 한다. 서둘러 걷는다. 그동안 순례길에서 보기 힘들었던 무인 잡화 판매장이 곳곳에 보인다. 바나나 5개, 주스 4개, 초콜릿, 물 등 작은 물품을 판매대에 올라져 있다. 배낭에 있는 비상식량은 남겨 놓고 바나나 한 개를 급한 대로 까먹는다. 1유로를 감사한 마음으로 넣는다. 저 멀찍이 오던 독일 친구가 곁에 와 있다. 서로 힘겨움을 웃음으로 어깨를 들썩이며 토로하며 같이 간식을 나누어 먹는다. 힘들어 말을 할 여력도 없이 땀에 흠뻑 젖은 온몸으로 말해 줄 뿐이다.

고지에 오르는 동안 숨이 벅차올라 다리에 힘주면서 발가락엔 열이 오른다. 군살이 오르는 소리만큼 어깨가 뻐근하게 마비되어 온다. 가랑비가 오락가락 판초를 벗었다 입었다 몇 번의 거추장스러움을 거쳐 미련 없이 비를 맞기로 한다.

갈리시아 지방의 묘지 안에 성당이 들어서 있는 특이한 형태가 보인다. 오늘만 걸으면 마지막 120킬로미터 조금 넘게 남겨 놓는다. 가파른 언덕 위를 걷는 내내 무념무상이다. 뒤꿈치부터 딛는 힘에 발가락 10개는 각자 최대한 벌린다.

허벅지의 근육을 이용해 힘을 모아 발뒤꿈치를 이용해 빠르게 움직이며 복식호흡으로 온몸의 기를 집중시킨다. 쉽게 뻗어 나간다. 90도 경사지로 이어진 길을 단숨에 오를 순 없다. 허리를 숙여 땅에 발에 인사를 해야만 오를 수 있는 길, 머리 위로 뻗은 길은 나를 매료시킨다.

내 머리 위 길에 올랐다. 기특한 나머지 으쓱한 자세로 카페 본

라떼를 시켜 놓고 산 아래를 되짚어 본다. 젊은 친구들 모두가 나에게 경의를 표한다. 힘들게 싸워온 시간들을 경례 받는 흐뭇함이 얼마만인가. 아찔한 희열감이다. 내려오기 직전 길가 바에 앉아 일본인 친구와 루나를 만났다. 너무 반가워 인사를 하곤 몸조심하라는 인사를 남기고 발길을 옮겼다. 한데 발뒤꿈치의 반란은 온몸에 오름으로 조인다. 발걸음 자체가 지뢰 밟듯 긴장 자체다. 한 발 들었을 때, 눈물이 찔끔 내린다. 발을 떼기가 무서움에 온몸은 소름이 돋는다.

순례길 위에 순례자의 비석을 자주 보게 된다. 홀로 걷다 떠나신 분들을 위해 묵념으로 조의를 표하며 지나왔다. 하지만 지금 내 자리가 될 수 있음에 침착하게 멈춰선다.

이렇듯 순간은 순간이 아니다. 한 세월의 발걸음이다. 물 한 방울이 흘러가지 않듯, 미끄러져도 그만한 사연의 얽힘으로 벌어진 결과이듯 억지로 만들어진 것은 아무것도 없다는 것을 이제야 알겠다. "편안히 잠드소서." 기도를 남기며 발길을 옮긴다.

기형으로 자라난 어깨뼈가 생각난다. 뼈는 석회를 만들어내 그동안 뼈가 흘러내리는 고통 속에 살았다. 뼈를 깎아내는 아픔이 뭔지는 몰랐다. 수술실 앞으로 이동 침대에 누워, 처음으로 바닥과 천장이 이렇게 가까이 붙어 있었을까. 수술실 앞에 문이 열리는 순간, 덜컹 내려앉게 만든 칙칙한 기운이 감도는 백열등 불빛에 눈을 감았다. 그리도 가고 싶었던 산티아고가 보였다. 죽음을 감당할 수 있는 길을 찾고 싶다는 갈망으로 찾아 해매던 곳이다.

문을 지나고 또 문을 지나 세 번째 문에 들어오는 동안 죽음의 단계도 이렇지 않을까라는 호기심을 가져보았다.

'산티아고 순례 길에서 혼자 쓰러져 죽을 있을 수 있겠지!' 라는 생각에 손에 힘을 준다. 분주한 수술실이다. 단지 누워 있을 뿐 사방을 둘러볼 겨를이 없다. 커튼 너머에 망치 소리와 드릴 소리가 요란하다. 소름이 돋을 만도 하지만 크게 주눅 들게는 안 한다. 사소한 곳에서 오히려 두려워하고 소심해지지지만, 수술 앞에 커튼 너머 누군가도 온몸을 맡겼을 것이란 생각에, 모르는 분 또한 얼마나 자신의 고통에 스스로가 찌들었을까. 안쓰러움이 밀려왔다.

지금 앞에 걷는 독일 젊은이에게, 안쓰러움에 수술실 너머에 있던 사람에게 속으로 기도를 해주던 마음으로 발의 상태를 묻는다. 질질 끌며 쉬지 않고 힘들게 걷고 있다. 비 속에서도 굽힘없이 치열한 전쟁 중인 모습이다. 어떤 아픔이 크길래 그리 비장한가. 내 아픔이 오버랩되어 소름이 돋는다. 인도 순례길을 마치고 걷는 길이란 젊은이와 대화를 하고 싶지만 말이 안 통해 서로 짧게만 인사를 한다. 점점 멀어지는 발걸음에 인도 청년이라 칭하면서, 얻고 싶은 답을 꼭 찾기를 빌어준다.

아픔이란 내 일이다. 죽는 것 역시 내 일이다. 내 일임에도 나 자신의 문제임에도 심각하지 않다. 그저 익숙함이다. 어릴 적부터 가져온 습관이 언제나 그날 입은 옷은 그날 세탁을 하면서 살아왔듯이, 사지에 힘에 부치어 덜덜 떨리는 손발과 부어 오른 물집에 발 한 짝 옮기기가 세상을 옮기듯 한다. 그럴 때면 샤워도 미루고 쓰러져 눕는 여유가 있음직한데, 자리에 누워 잠자다 무슨 일 있으면 어떻게 하지? 하는 불안감이 올라온다. 항상 정갈하지 못한 모습을 보이는 건 자신의 치부라는 어머니 말씀이 크게 와 닿는다.

아이들 엄마 이전에 내 발걸음을 그려 보았다. 사후에는 깔끔하고 싶다는 생각에 평소에도 자다가도 벌떡 일어나 세탁을 하곤 하였던 습성을 가졌지만, 이곳에서는 조금은 느긋하게 하는 여유가 부려진다.

앞으로 쏠리는 발부리에 힘을 주면서 흙 내음을 들이마시는 발가락의 심기는 불편하게 올라온다. 내리막이 가져다주는 급박한 긴장이 돌부리를 차고 튕기는 어려운 고개를 부린다. 걷는 것이 아닌 뛰는 걸음이 이어진다. 긴장된 손에는 스틱을 누르는 힘과 함께 눈으로 디딜 곳을 스캔하는 순간 팔은 스틱을 옮겨 찍는다. 아슬아슬한 작은 돌들의 움직임에 걸려 미끄러지는 순간이 몇 번의 위기를 준다. 가슴 쓸어내리는 내리막이 지나고는 바로 오르막이 기다리고 있다. 내리막은 엄지발가락의 리드 하에 힘을 들여 땅을 짚는 요령이 필요했지만 이제 오르막이다. 다리 근육의 힘이 절대적으로 필요하다. 잠시 전열을 가다듬어 본다. 중년의 나이는 오르막이다. 절실하게 필요한 것이 근육이다. 즉 덕이 있어야 한다.

지뢰를 밟듯 걷는 내 모습을 본다면 우리 부모님은 얼마나 가슴이 찢어질까 생각하니 마음이 아파 온다. 나이가 들어가면서 겪는 과정들이 부모를 이해함과 함께 어릴 적 못지않게 구체적으로 나의 사후도 준비해야 하는 나이이다. 쉴 수 있는 공간이 자꾸 보아진다. 길가엔 햇살만이 요란하게 갓길을 내리쪼이고 있다.

산티아고 순례길에서 도와 달라는 사람은 없다. 다만 서로 먼저 다가가 묻는다. "괜찮으세요?" 오랜만에 배려의 마음만으로 따스하게 느껴주는 이들이 길을 걷고 있다.

어설픈 노력은 오히려 사람들 속에서 더 상처를 받는 건 나 자신이다. 그대로인 나 자신을 인정해 주는 것도 인색하여, 매일 자신에게 칭찬보다 채찍과 후회와 부끄러움 뿐이었음을 발톱 하나의 위대함을 통해 느낀다. 감싸 안는 여유 없는 시간들이 어느덧 순간이 되어 뼈를 깎아내는 나 자신의 고통으로 자랐다.

순례의 길은 신체 한 부분이 전부이고 일부의 고통이 전체를 흔들 수 있는 아픔이란 걸….

나를 인정하지 못하고 남을 얼마나 이해했을까? 골짜기를 가로지르는 물줄기 위에서 발장구를 친다. 터질 수 없는 지뢰의 고뇌가 온몸에 퍼진다. 내놓지 못하는 발바닥의 힘겨움은 염증이 발돋움

한다.

사하라 숙소에 도착하니 독일인과 숙소 매니저가 소통이 안 되어 반복된 답답함을 표시하는 가슴을 연신 친다. 급한 마음에 짧은 영어와 만국어인 손짓 발짓을 사용해 소통을 해 준다. 바보들이 여기 또 있다. 자존심이 뭐라고….

나의 눈물이 감동이라니…

빨강 등산화의 움직임이 활기차다. 사리아(Sarria)에서부터 단기간 걷는 순례자들이 많다. 한국 청년들이 아침 식사하는 바에서 옹기종기 앉아 패기만만하게 이야기를 나눈다. 세 명이 회사 동료들이란다. 나보고 혼자 오셨느냐고 묻는다. '나이 든 여자가 어떻게 외국을 그것도 힘든 순례길을?' 하는 눈초리다.

너희들이 나보다 더 잘 걸을 수 있겠어? 라고 묻고 싶은 생각은 없다. 다만 체력과 젊음 하나로 특히 여성을 아래로 보고자 하는 그 눈초리가 싫었다. 하지만 우리 딸 나이 또래의 청년들에게 조심하라고 말해 준다. 체력만을 믿다가 다리에 문제가 생겨 걸어보지도 못하고 돌아가는 경우를 종종 봤다. 짧은 120킬로미터라고 우습게 보는 경향이 있다. 여태껏 온 길보다 평탄한 길이 이어지는 길이라 많이도 선택한다지만, 적응기간이 있어 무조건 무리하게 걷는 건 위험하다. 흥분된 모습의 첫걸음에 힘은 보태줘야지 하는 생각에 충분히 걸을 만한 길이고 걷다 보면 자신을 믿게 되는 순간이 오더라고 이야기를 해 줬다. 한데 한 술 더 뜬다. 4일 만에 120킬로미터를 가겠다고 한다. 나이 든 내가 걸어온 걸 보니 젊은 패기를 부리고픈가 보다. 웃으며 성공을 빌어주곤 헤어진다.

고바위길로 이어진 순례길을 올라가다 내리막길로 고꾸라질 것 같은 길이 일반 산악길의 특성이다. 이곳 역시 시작은 험난하지만 그동안 길보다는 수월함을 느낀다. 씩씩하게 걸으며 오랜만에 엘레나와 그 남자 친구와 인도 순례 마치고 또 걷기 시작한 친구, 정인이, 하진이 등 같이 걸었던 친구들을 만난다. 반갑게 인사를 한다. 어린 친구들이 나를 걱정한다. 오늘 난 대구에서 온 혜리와 해양대학교 다니는 젊은 친구 병윤이와 슈퍼에서 만나 지루해서 빨리 끝내고 싶다 하니, 본인들도 그렇다고 한다. 그럼 좀 힘들지만 팔라스 데 레이(Hospital da Cruz)까지 가서 만나기로 한다.

아침부터 오기 시작한 가랑비는 사라지고 햇살이 활기차다. 배낭 8킬로미터가 넘는 가방이 나를 지탱해 준다. 한쪽 팔이 마음대로 움직이지 않아 배낭 멜 때마다 지나가는 외국인들이 도와주고, 우리 젊은 친구들이 걱정해 주곤 한다. 누군가의 작은 도움도 나에겐 감사하고 고맙다. 웃음치료 선생님은 잘 오시고 계시겠지. 그분도 이

길에서 목적 달성을 하시길 빌어 주며 걷는다.

산 길 가운데 물줄기가 흐르는 산악을 걷는 건 잠시나마 위로가 된다. 햇살이 포만감 넘치는 물줄기를 파고든 만큼 온몸이 땀범벅으로 산등성을 기어 다니듯 걷는다. 평지와 산악의 번갈아 오르내린다. 강을 품은 포르트마린(Portmarin)에 다다랐다. 아름다움의 경지에 다다른 마을에 넋을 놓고 언덕 위에 서 있는다. 쿠바에서 온 루나가 날듯 걷는다. 보폭이 나와 비슷한 친구들은 외국인 젊은 친구들 몇 사람과 루나 외엔 별로 없다. 반가움에 인사를 하지만 그는 시크한 인사로 답을 하고 지나친다.

포르트마린의 마을은 90도 각도의 언덕을 내려가듯 올라가야 하는 마을이다. 가파름의 미를 그대로 간직한 도시답게 눈을 뗄 수가 없다. 앞에 걸어가는 외국인 아저씨가 계속 넘어진다. 가슴 철렁철렁 내려앉게 만들어 놓을 정도로 쉽지 않은 내리막길이다. 다치지 않았다고 손을 들어 안심하라고 한다.

포르트마린를 지나 레이로 떠나는 길은 한도 끝도 없는 가파른 오르막이다. 자전거 타고 하는 순례자들이 함께 걷는 길이다. 이제부턴 주변에 사람이 없다. 앞에 가던 중년의 부부가 도저히 못 간다고 주저앉는다. '부엔 카미노'를 건네주곤 앞질러 간다. 앞에 가던 자전거 탄 중년 아줌마가 길에 잠시 쉬면서 '부엔 카미노'를 외쳐 준다. 그라시아스(Gracias)라고 감사하단 인사와 함께 스쳐 지난

다. 힘겨운 발걸음에 점점 돌 하나씩 올려진 듯 무게감을 늘어만 간다. 목젖이 아파오는 통증은 30킬로미터 이후에 오기 시작한다. 난 아이들 이름을 부르며, 사랑하는 사람들 이름을 불러가며 힘을 얻으려 애를 쓴다.

얼마나 아프면 울까 말한다. 하지만 인간의 눈물은 알 수가 없다. 너무 아프거나 너무 슬프면 울 수가 없다. 6킬로미터, 10킬로미터 산행도 힘든데, 20킬로미터에서 30킬로미터를 산악을 걷는다는 생각을 못 했다. 평지도 기껏 하루쯤은 걸었을까 매일 수십 킬로미터씩 걸어본 적이 없다. 인간의 한계치는 없는가 보다. 또한 아픔의 한계치도 사람마다 다르다. 가끔 나와 같다는 생각으로 다른 사람을 본다.

35킬로미터가 넘는 쉽지 않은 길이다. 빨강 운동화는 없다. 뿌연 흙먼지와 땀으로 길게 늘어진 어깨로 너무 오랫동안 걷다 보니 너무 지루하다. 산티아고까지 빨리 끝내고 싶다. 지루한 싸움이 날 오히려 밧줄 잡은 손의 힘을 빼앗듯이 힘을 빼게 한다. 가파른 언덕 위를 오르다 프랑스 중년부부와 서로 힘을 북돋아주며 걷는다. 점점 거리가 멀어지더니 그분들은 보이지 않는다. 안 오는 걸까? 오고 있는 걸까? 걸으며 괜시리 궁금해하기도 기다려지는 마음이 적적함보다 체력이 모자람을 서로 위로와 격려가 힘이 되기 때문이다. 혼자보단 같이 걷는 길이 더 가볍게 걷는다.

까마득한 거리기에 서두른다. 중간에 민가도 쉴 수 있는 천막도 없다. BAR도 없는 언덕길을 헐떡이며 걷는다. 이곳에서도 소나무를 만난다. 산 듬성듬성 불에 까맣게 탄 모습에 안타까운 마음으로 잠시 바라보다 앉을 곳이 없어 쉬지 않고 걷는다.

순례길 일주일 넘어 발이 나아갈 즈음에야 눈물이 났었다. 걸을 수 없어 라고 외치고 싶지만 아무도 없어 어리광도 못 부리고 눈물이 흐르지 않을 만큼 힘들었다. 하지만 30킬로 넘게 걸었다는 것이 신기하기도 하지만 빨강 운동화 안에서 요란한 투쟁이 이뤄지고 있다. 보이지 않는 발바닥에서 전쟁이 시작됐다. 독일 여자 분을 잠시 지나치며 영어를 전혀 할 줄 몰라 손발짓으로 잠시 소통을 하고는 나는 빠르게 내 발의 속도를 찾는다. 지독한 나의 끈기도 주저앉고 싶은데 맨땅이라도 그늘이 없다. 눈동자는 풀려지기 시작하는데 마음은 지금 서 있는 곳이 어디쯤인지 모르겠기에 조급하다. 언덕을 넘으면 잠시 평지일 뿐 언덕이 기다리는 아스팔트길 옆으로 걷는 길로 접어든다. 산 넘어 산이 고비고비 숨이 막히면서 목이 말라오지만 가방엔 물이 없다.

발에서 불어나는 열기에 빨강 운동화는 부풀어 뽀로통해져만 간다. 잠시 숨을 쉬게 풀어줘야 하지만 아무것도 보이지 않고 창고들을 지나친다.

아뿔싸! 그늘도 없는 오르막은 나의 인내와 끈기를 잡아먹었다.

펑펑 울어도 안 되는 목마름과의 싸움이다. 쉴 곳도 없다. 어찌 바(Bar)도 없는지 원망스런 햇살이 기어코 쫓아온다. 소 축사 폐수 냄새가 햇살과 한 패로 온몸을 휘감아 질척이게 한다.

곤사르(Gonzar) 가는 길에 독일 여자 분이 개와 함께 걷는다. 덩치 큰 개도 힘겨운지 숨을 제대로 못 가누는 듯해서 안쓰러움으로 바라본다. 자기 식량을 등에 싣고 걷는 개에게 뭔가 주고 싶어도 나에게도 물이 다 떨어졌다. 얼마나 힘든지 혀끝이 땅에 닿을 듯 침을 흘리며 주인을 따른다. 주인 잘못 만나 웬 고생을 시키는지. 끝이 안 보이는 길 위에 서 있다.

사막의 오아시스를 만났다. 32킬로미터를 걸어왔을 즈음 BAR가 보인다. 회뿌연 연두색으로 탈바꿈된 발자욱은 바쁘다. 반바지에 벌건 다리를 끌고 들어오는 병윤이 청년을 보는 순간 내 발이 오그라졌다. 아픔이 온몸을 타고 마음으로 흐른다. 평소 집이라면 이렇게 고생을 하는 자신의 용기와 끈기를 볼 수 없었을 것이다. 두 젊은이에게서 광채가 보인다. 병윤이와 처음부터 발맞추어 온 혜리씨도 힘겨움을 내색치 않으며 자신과 싸운다. 나이 많다고, 젊은이라고 고뇌의 차이는 없다. 자기 몫의 고민과 힘겨움을 혼자 길 바닥에 내려놓고 있다. 땀을 흘리듯 남모르게 흘려내는 눈물만큼 성장하며 걷고 있을 젊은이들을 멀찍이 본다. 가끔은 같이 보폭을 맞추어 상담을 한다. 결혼할 남자 친구를 더 이해하려고 애쓰는 건강한 젊은

이가 기특하다. 반바지로 추위를 견디며 충분히 이겨 낼만 하다고 버티는 병윤이는, 세계 여행 속에 현재에 만족하는 법을 배운듯하다. "이만하면 충분해요."라는 긍정적인 마음이 우러나온다. 우리 아들에게 병윤처럼 알뜰한 세계 여행을 꼭 권해야지 하는 마음이 든다. 자신도 힘든데 길에서 만난 어린 동생임에도, 장하다 힘을 실어주는 혜리의 따듯함에 한껏 힘듦 속에 미소를 짓는다.

37킬로미터를 걷는다는 건 없던 눈물도 고이는 아픔이다. 혈관이 터지는 뼈아픈 걸음을 물도 없이 몇 번을 주저앉고 싶은 산악을 거쳐 넘어왔을 것이다.

퉁퉁 부어오른 발을 기어코 끌고 마무리하려 한다. 이제 2일만 걸으면 끝나는 길이다. 모두가 아팠다. 숨겨진 염증으로 벌겋게 올라와 밖으로 덜어내고 있다. 어제보다 오늘이 가벼워졌듯 내일이면 조금 더 수그러지겠지. 순례길은 기도하는 자들에게 길을 내어 주고 있다. 곤사르(Gonzar)에 도착했다. 바(Bar)에 들어가자마자 배낭을 내팽개치듯 내려놓는다. 한데 시에스타라는 낮잠시간이란다. 스페인은 오후 2시~5시까지 낮잠 시간이라 순례길에서도 시에스타를 지키는 곳이 있다. 슈퍼에 가서도 시간대를 잘 보고가야 한다. 주인장이 다행히 식사는 안 되지만 음료는 판다는 말에 그라시아스를 연발한다.

주스 한 잔을 마시고 모자라 생맥주 한 컵을 마시곤 길에서 만난

TINTO
BLANCO
ROSADO

개와 그의 주인이 눈에 들어왔다. 다가가 개 주인에게 만져도 되느냐 묻곤 개에게 칭찬의 쓰다듬을 해 준다. 그 주인은 영어를 전혀 몰라 소통은 손짓발짓이 전부다. 짧은 영어 섞어 하면 쉬운데 온통 손짓발짓은 더 힘들었다. 숙소나 바(Bar)에서 동물을 받아주지 않아 밖에서 잠을 잔다고 말하면서 너무 힘들다고 한다. 다행이다 사리아부턴 비가 안 오니 밖에서 잘 수 있지만 그래도 대단하다. 어찌 밖에서 잠을 잘까 하는 생각에 엄지를 들어 올려 준다.

애원을 하여 물과 주스를 사서 갈증을 가라앉혔지만 다리가 떨어지지 않는다. 마음에 불안도 갈등도 머무를 여유가 없다. 다만 숙소를 잡아야 하는데 알베르게 있는 곳까지 약 4킬로미터를 더 걸어야 한다. 하나의 욕구밖에 없다. 가방을 내려놓고 쉬어야 할 곳, 하룻밤을 묵어야 할 알베르게와 음식뿐이다.

걸으면서 가족을 위해, 주변 사람들을 위해 기도로 시작하는 걸음이 마지막 지점에는 다시 기도로 하루를 마무리해 왔다. 지금 현재, 절실함은 숙소이다. 그리고 음식뿐이다.

며칠 빗속에서 벗어나는 순간 따가운 햇살 위로 걸어왔다. 비가 오지 않는 걸 다행이다 생각했지만 목마름도 쉽지 않은 고행길이다. 바(Bar)는 마음의 여유를 준다. 한데 8킬로미터 넘어서야 바가 있는 경우엔 부담스럽다. 나를 너머서는 고통이 있다. 30킬로 넘어선 힘겨움은 나 자신을 덮친다. 3킬로미터 넘는 길이 죽음의 길이었다. 숨이 가쁘게 오르락내리락하는 동안 발바닥의 통증은 온몸을 감쌌던 그동안의 길이 오히려 아리다 한다면 지금은 온통 온몸을 가시로 찔리는 기분이다.

신들에게 기도하기 시작한다. 사랑하는 사람들 이름을 불러가며 내 고통만큼 그들의 고통을 덜어주세요. 그러면 기꺼이 받아들이리다. 그들의 소망이 이루어지게 하고 싶은 욕구가 절실하게 느껴진다. 아마 내 아픔이 있기에 더 절실한 기도를 해줄 수 있는지를 여태껏 몰랐다. 나의 절실함이 남의 절실함에 닿을 수 있다는 것을 말이다.

오후 6시에 국립 무니시팔이라고 하는 팔라스 데 레이(Hospital da Cruz) 알베르기에 도착했다. 그동안 몇 번 만났던 부녀만이 도착해 있었다. 텅텅 빈 숙소에 두 부녀는 날 반갑게 맞아 주었다. 숙소 매니저와 우린 다행스러움을 서로 이야기하는 중에 젊은 딸내미와 맘맞아 가끔 동행하던 젊은 독일 친구가 숙소에 들어선다. 마감시간이라 퇴근한 매니저가 급한 볼일 있으면 연락하라는 연락처를 알아놓길 잘했다. 한데 병윤이랑 혜리 씨가 온다고 했지만 너무 늦어 체념하려는데, 저녁 7시가 넘어 들어온다. 반가움에 너무 힘든 길을 늦게까지 걸어온 그 과정을 알기에 눈물겹게 맞아 준다.

배가 너무 고파 어제 마트에서 사 온 라면을 가방에서 내놓는다. 헌데 병윤이 가방과 혜리 씨 가방에서 생닭을 내놓는다. '와우'를 외치며 행복하다. 내 능력으론 가방에 넣고 다닐 수 없다. 혼자선 먹을 수도 없다. 어울릴 수 있는 날 2번 정도 해 줬다고 해야 할 것이다. 세계 여행 중인 젊은 친구들과 마음을 나눴다. 안타까웠다. 덕분에 나도 음식다운 음식을 먹게 되니 좋았다. 외국인들에게 눈치가 보인다. 남에게 폐가 된다고 생각 들어 쉽게 해 먹을 수가 없다. 하지만 팔라스 데 레이(Hospital da Cruz) 국립 알베르게 순례자 숙소 외에 바(Bar)와 사립 알베르게를 운영하는 곳이 전부인 외딴 곳이다. 그나마 사립 알베르게에서는 시에스타 시간이라 밥을 안 판다. 밤 8시 이후에나 된단다. 두 청년이 도착했기에 그릇도 수저도 빈약하지만 억지로 궁하면 통하듯, 가방 이곳저곳 뒤져 부족했던 젓가락 숟가락이 나온다. 허겁지겁 먹으며 천상의 맛을 즐긴다.

내 눈물 뒤에 남의 눈물이 보인다.

잠자리에 누워 있으려니 눈물을 쏟아져 내린다. 사지의 뻐근함도 모른다 온몸의 감각을 잃는다. 어찌할 수가 없다. 그저 '힘들어.'라고 생각도 인지 못하고 눈물을 흘린다. 발바닥 통증이 오금이 저리도록 올라오는 것이 겁이 난다. 아픈 것보다 살아오면서 아파도 아프다고 펑펑 울어보지 못한 서러움이 밀려왔다. 오롯이 외로움이 서러움을 불러냈다. 서글펐다. 마음을 지배하는 것은 온전히 나 자신이 안쓰러움이다. 왜 이렇게 안쓰럽게 살았을까. 울음도 시원스럽게 울지 못했는지 바보스럽다. 역시 안쓰럽고 측은한 내 모습으로 보여준다.

울고 난 다음날이면 기분이 가볍다. 30킬로 이하면 상관없어 하는 마음으로 힘들어 하는 사람들에게 '부엔 까미노'를 외치며, 힘을 주어가며 걷는다. 울음이 나를 오히려 편하게 한다. 진즉 나를 풀어줄 수 있었음 얼마나 편했을까 싶을 만큼 상쾌함을 준다. 외로움 자체가 버겁지도 않고, 마음이 평온하다. 공황 쇼크가 일어날까 봐 조마조마하던 불안감조차 사라져 고요하다. 먼지가 스르르 몸에서 떨어져나가듯, 응어리져 일던 불안과 초초함은 사라지고 코밑에서 들꽃 향기가 피어난다.

고요한 마음에서 시작된 눈물은 통곡의 길을 걷는다. 아무도 없는 길을 끝없이 걸었다. 36킬로 걷고 있는 과정 중에 딸애가 엄마의 한 달이, 일 년 같다는 메시지를 보내왔다. 이유도 모르게 울음으로 쏟아졌다. 아이들에게 대한 미안함과 측은한 마음이 솟는다.

엄마라는 호칭을 갖게 되고부턴 그저 참았던 세월이 흘러내렸다. '아이들을 지켜야 한다.'보다 좀 더 잘 자라게 하고 싶었다. 내 모습 보며 건강한 사람, 건강한 인성, 건강한 세상에서 살았으면 하는 생각이 나를 열심히 살게 했을 것이다. 많이도 흔들리기도 했다.

사람이 옳은 길만 간다고 생각하지만 그것은 순전히 자기만의 생각이다. 이제와 나의 과오들을 생각해 본다. 그리고 나 자신의 욕심에 아이들에게 좀 더 편하게 해 주지 못한 것에, 안타까운 마음이 몰려온다. 좋은 일이라고 앞장 선 일 들 속에는 아이들에게 시간을 내 주지 못한 부분들이 너무 많았다. 한 가지 잘하면 다른 한 가지는 소홀할 수밖에 없나 보다. 모든 게 완벽 할 수 없지만, 아이들에게만 가슴이 찡하게 아픔으로 다가오는 것이 어미인가 보다.

텅 빈 숙소가 춥고 무서웠던 그동안의 알베르게와 달리 너무 편하고 호텔에 온 듯 마냥 편안하다. 40여 개의 침대가 있는 방에 6명이 쓰게 되었지만 온수가 나온다. 이런 호강을….

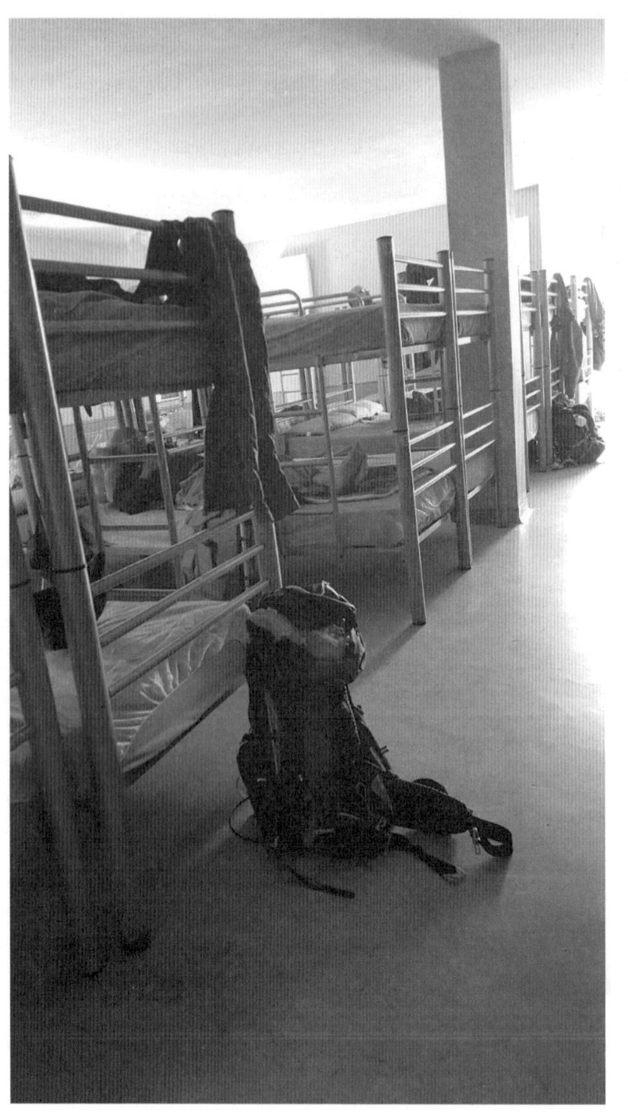

오름이 주는 그 이름

아르수아(Arzua)를 지난다. 산티아고가 60킬로미터 정도 남은 길이다. 포도밭과 산길을 번갈아 오르내리며 걷는 길이다. 갈리시아 지방의 특징적인 오레오라는 곡식 창고를 자주 보게 된다. 고지가 얼마 안 남아서 그런지 더욱 지쳐가고 있다. 빨강 운동화는 처벅처벅 소리가 요란해졌다.

꼭 제주도 같은 느낌이 드는 마을길을 접할 땐 반갑다. 작은 마을들을 지날 때마다 아름답다. 평화로움을 본다. 갈리시아 지방을 걸으면서는 트렉터를 모는 아낙네들을 자주 목격한다. 너무 멋있다. 당당해 보이는 그녀들은 집채만 한 것을 몰고 가면서 '엄지 척'을 해준다. 멋진 여성이 더 멋져 보인다. 소리를 지른다. 올라! 나이스! 스페인어와 영어를 혼합해 마음을 전한다. 신난다.

해양대 병윤이와 엎치락뒤치락하며 걷는다. 평소엔 다리가 아파 잘 걷지 못하고 언제나 뒤처지더니 뒷심이 있다. 길에서 찾는 자신을 폼내는 것이 더 멋져보인다. 제대로 순례를 하였음을 걸음걸이에서 본다. 대견하다. 우리 아들도 저렇게 대견하게 끈기와 인내를 뽐냈을 텐데 하는 생각 끝에 보고 싶다. 떼굴떼굴한 땡볕이 달려와 배낭의 무게를 더 무겁게 짓누른다.

오름 뒤 내려감이란 또 다른 어려움이 먼저 떠올라 겁도 났지만, 해냈다는 희열감을 준다. 가파른 길을 바라본다. 먼 거리의 오름은 언제쯤이나 올라갈 수 있을까? 오르기 전부터 한숨이 나온다. 어찌 올라갈까? 생각하는 순간 더 힘들게 느껴지는 감정이 다리에 힘을 뺀다. 오히려 뛰자. 발끝에 온 힘을 주고 눈앞만 보자. 힘겨움에 지칠 때쯤, '어디쯤 왔을까?' 언덕 높은 곳을 보는 순간 호흡이 더 가팔라진다. 버거움이 밀려온다. 눈을 아래로, 아래로 내려 보자. 호흡을 안정시키고 걷는다. 목을 조여 오는 숨가쁨이 또다시 얼마나 남았을까. 앞을 보는 순간, 아직도 멀었음을 확인하는 순간에, 호흡이 가팔라지면서 앉을 곳을 찾는다. 800킬로미터를 걸으며 요령뿐 아니라 마음까지 요리를 하고 있다.

살면서 힘들 때 그저 일만 마무리되면 쉰다는 생각으로 그저 온 힘을 다했다. 집에 오는 시간이면 집 반찬이 걱정되어 한 보따리 시장을 봐 온다. 사지를 움직일 수 없을 만큼의 보따리를 들기에 버거운 아픔이 조여 올 때면 다 내던지고 싶었다. 하지만 소곤소곤 자고 있는 아이들을 보면 어미의 마음에 미안하고 안쓰러움에 힘든 마음을 잊는다. 어느새 새벽까지 일하곤 다 했다는 안도의 마음으로 눕는다. 하지만 앞을 보는 순간 아직 멀기만 한 일들이 아득하다. 울고 싶은 만큼 힘에 버거운 순간이 너무 많았다. 사는 요령을 몰랐다. 지혜는 겪어야 안다지만 겪어내면서도 미련했다. 긴장을 풀면 한 발자국도 걷지 못하듯 병이 날까 싶어, 힘들 땐 생각을 잊고 그저 일만 하면서 지내다 보면 어느 사이 힘든 과정을 넘어가 있었다. 너무 힘들 땐 '일이나 하면서 지내다 보면 잊을 거야.' 하는 위로도 한다. 시간이 지나고 나면 '그때 그랬구나.' 하고 뒤돌아보는 여유가 생겼을 뿐이다.

삶의 현장에서나 자연 속에서나 같은가 보다. 언덕이 높으면 높을수록 자신을 더 알아야 한다는 걸 언덕이 깨우쳐 준다. 의지를 확인한다기보다는 그 의지를 키워주는 자신만의 북돋움이 필요함을 너무 늦게 알았다. 누군가의 도움이 대단히 큰 역할을 하겠지만, 결코 쉽지 않은 다른 이의 지지보다 제일 쉽지만 인색한 나의 지지가 중요한 것을 잊고 살았다. 나만큼 잘 아는 나라고 착각하고 살아간다. 결코 잘 이해하거나 잘 알지 못하는 우리 자신의 모습들이다. 나의 욕구만은 잘 알고 살아왔다. 오만이 지혜를 키우지 못한다.

길을 걸으며 오히려 길이 열어준 나의 마음속을 헤엄쳐 본다. 마냥 새로워진 심신을 느끼며 머리부터 발끝까지 혈관을 타고 넘나든다. 대단한 끈질김이 주는 끈끈한 동맹군이 내 몸을 감싸고 있다.

평평한 언덕길을 걸으면서도 무겁다. 땅이 주는 흙내음보다 내 속에서 토해낸 불순물을 쏟아내기에 바빴던 시간들이 주마등처럼 스쳐지나간다.

맑은 샘물이 고인 눈동자에 비치는 자연의 신비로움과 새살 돋아가며 질겨진 육체의 합일이 만들어낸 용기로 걷는다. 뿌듯한 발걸음답게 나도 모르게 미소가 삐져나온다.

오름은 외로움의 시작이지만 외로움답지 않게 살이 붙은 듯 혈기왕성한 공기위에 안착하는 듯 가볍게 땅을 딛는다. 언제나 오르면 오를수록 혼자 고독한 싸움이 시작일 뿐이었다. 오롯이 걸어야 할 사람도 오르고자 한 사람도 나 자신이라는 생각외엔 없었다. 지금 이 순간 너머가 보이는 오름이 좋다.

멈출 수 있는 사람도 나 자신이지만 여태까지 올라온 길을 내려가기엔 아깝다. 멀리 보이는 저 도시를 눈 안에 더 넣고 싶다. 오히려 걸어갈 길보다 더 막막함을 주던 것이 마지막 길이라는 아쉬움인가? 아님 여유로움인지 모르게 마음이 다르게 다가온다.

초기에 뒤돌아설 수 있는 용기도 쉽지 않다. 하지만 가는 것만 생각한 삶이다. 그 자리에 앉아 쉬는 것 자체를 생각 해 보지 못한 우매한 시간들이었다.

지혜란 아는 만큼에서 얻는 것, 그만큼 많은 경험과 고생을 겪어 낼줄 알아야 얻는가보다. 시간이 지날수록 지혜의 폭이 커졌다고 생각했는데, 가야 할 길이 아직도 먼 길이 지혜의 길이다.

이제야 얻기 시작했는데 순례의 길이 끝이 보인다. 벅찬 가슴보다 바람도 공기도 흡수되는 듯 통통 튀는 육체의 가벼운 경련을 느낀다.

목적지가 다가오면서 비도, 눈도 아닌 태양이 내려지는 하늘을 땅과 함께 고스란히 받아내며 하루를 걷는다. 울러맨 배낭도 떼글떼글 여물어져 몸이 감기듯 칼자국으로 얽혀진 어깨도 여물어져 간다.

빨강 운동화에 희열의 열꽃이 피어나기 시작하는지, 앉을 곳만 있으면 끊임없이 숨고르기를 한다. 시원한 휴식이 기다려지는 5월의 한낮을 만끽한다.

순례자의 신체가 되어가며 점점 가벼워진 마음과 몸으로 걷는다. 빨리 걷는 걸음을 늦추기로 한다. 발걸음이 아름답다.

길이 오르고 있다. 뒤를 바라보다 멈춰선 자리에서 귀를 기울인다. 실바람이 햇살의 틈새로 깃든다. 보이는 모든 것이 보석이고 꽃이 되는 신세계 속으로 빠진다.

순례지는 동심이다.

순례길의 마무리

긴 여정의 끝이 보인다. 발 한 걸음마다 보석을 발견하던 어제의 나답게 그득한 행복감으로 주체를 못한다. 10킬로미터부터 너무 들떠 있었나 싶을 만큼 지루해진다. 산티아고가 가까워지면서는 표지판에 남은 킬로미터가 제대로 표시되어 있다. 아마도 지쳐가는 사람들을 위함인듯 하다. 표지판을 보며 몇 킬로 안 남은 걸로 위로 하며 걷는다. 15킬로부터는 시간이 안 가는지, 아님 걸음이 안 걸리는지. 왜 이리 먼 거리로 느껴지는지 한숨이 나온다. 설렘보다 그동안의 노고가 아련히 떠오르는 게 당연할진대 복잡한 마음이다. 일단 걷기로 한다. 오늘은 긴 시간 걸어야 한다. 아침 8시 30분에 시작하여 오후 6시까지는 끝내겠지 생각으로 걸음은 활기차게 시작은 했다.

한 달여 기간 길에서 마주치던 사람들을 만나는 건 정겹다. 길 위에서 정이 든 마음에 톤이 다른 '올라(Hola)부엔 카미노(Buen Camino)'를 크게 외쳐댄다. 서로 어디까지 가는지 묻는 게 일상이었던 지금까지와 다르게 서로 대단하다는 인정과 함께 동지애를 가지고 걷는다.

가방의 무게만큼 나의 허리뿐 아니라 나 자신까지 휘청거린다. 그래도 이제 몸의 중심을 잡아주는 것이 좋기도 하다. 작은 가방을 짊어지고 걸었을 땐 작은 가방치고는 어깨의 통증을 가중시켜 한쪽 팔을 움직일 수 없었다. 작은 것를 우습게 여기지 말아야 한다. 큰 것은 무게가 그만큼 많이 나간다는 생각에 충분히 준비한다. 작은 것은 너무 쉽게 보는 바람에 오히려 큰 코 다치는 것을 이곳에서도 경험한다.

그리도 그리던 산티아고이다. 가슴 벅찬 걸음을 걷는다. 많은 감정을 머릿속 가득 가지고 있으면서도 느끼는 감정만이 전부인 듯 알았다. 감정은 발걸음까지도 가볍게 움직이게 만들지 않았다. 복잡한 감정을 모르고 다가온 순례길에서 감정만은 단순하게 정리된 기분이다. 온통 산티아고에 대한 생각일 것 같았지만 막상 가까워지는 동안 집이 그립다. 오늘로 순례길이 끝난다. 다음 순례길은 또 다른 선택이다. 끝이 보이는 길이다. 그리 원하던 끝이 있는 것이다. 온몸의 혈액이 순환되기까지 심장의 움직임이 얼마였을까? 작은 발가락의 꺾임으로 지구를 움직이듯 호화로운 생의 마지막이라 느낄 만큼 모든 걸 걸었다.

순례길에 순직한 많은 사람들의 영혼에 기도를 하는 동안 나의 길일 수도 있음을 감지한 발가락들의 혼신이 같이해 왔다. 발가락 하나씩 죽어가면서 얻어지는 자유로운 가슴도 결코 공짜일 수는 없었다. 괜찮을 거라고 우겨지는 심장의 외침도 고통을 수반할 수밖에 없었다. 오직 이겨 나가기 위해 쇳덩어리 속에 욱여넣듯 긍정의 감정으로 욱여 넣을 수밖에 다른 도리가 없었다. 나를 놓아야, 내가 살 수 있다.

발뒤꿈치로 디뎌대는 순간 온몸의 힘의 중심은, 앞 발바닥으로 옮겨가며 누른다. 발가락은 마지막까지 고개 숙이며 꺾는다. 짊어진 무게가 8킬로그램에 몸의 무게 42킬로그램이 합쳐진 무게를 책임지는 발의 위대함은 이제야 당당하다. 뜨거운 햇살도 가볍다. 자연의 중심을 가르는 지금 부러운 것은 없다. 철근 같던 다리는 가볍게 춤을 추듯 흙을 느낀다. 그저 땅이 아니다. 그저 길이 아니다. 내가 있는 이 길이 거대한 대지의 상징으로 벅찬 내일을 짊어진 내 미래이다. 가쁜 숨도 반갑다. 흐르는 땀이 번거롭던 것이, 소중한 거름으로 느껴지는 이런 순간도 있다니 파헤쳐지는 땀샘이라도 좋다. 어떤 것도 받아들일 각오가 되는 것이 아니라 소중한 지금이 있다. 살아왔음이다. 그리고 지켜낸 내 스스로가 아니라 버려진 나의 아름다움이다. 버릴 수 없었던 끈적이는 감정들과 절대적인 인식으로 빚어낸 아픔을 털어내느라 고생한 이 시간, 기쁨이다. 새로운 나가 아니다. 내가 나를 찾아낸 나다. 그대로이다. 바뀔 수 없는 내 속에서 얽혀진 나를 털어내고 오롯이 내 속에서 올라오는 감정의 나를 볼 수 있다. 뜬구름 같았던 나를 잡을 수 있다. 꼬여진 감정이 아니라 어느 감정인지도 모르고 어느 지점에 서 있는지 모르는 혼란 속에서 찾아낸 나다. 순례자는, 모두가 만나고 모두가 헤어지는 곳에 있었다.

산티아고!, 신호등이 있다.

불이다, 파랗다. 이제야 길을 건넌다.

NATURE

김은수 에세이

길에서 상실을 말하다

인쇄 2019년 1월 22일
발행 2019년 1월 25일

지은이 김은수
발행인 서정환
펴낸곳 수필과비평사
주소 전라북도 전주시 완산구 공북1길 16
전화 (063) 275-4000 (063) 251-3885
팩스 (063) 274-3131
이메일 essay321@hanmail.net sina321@hanmail.net
출판등록 제300-2013-133호
인쇄 · 제본 신아출판사

ISBN 979-11-5933-206-7 03810
값 13,000원

이 도서의 국립중앙도서관 출판예정도서목록(CIP)은 서지정보유통지원시스템 홈페이지(http://seoji.nl.go.kr)와 국가자료공동목록시스템(http://www.nl.go.kr/kolisnet)에서 이용하실 수 있습니다. (CIP제어번호: CIP2019002475)

Printed in KOREA